U0614227

青少年成长教育读本

美育教育读本

隋加平 ◆ 编著

吉林人民出版社

图书在版编目(CIP)数据

美育教育读本 / 隋加平编著. -- 长春 : 吉林人民
出版社, 2012.5
(青少年成长教育读本)
ISBN 978-7-206-09040-0

Ⅰ.①美… Ⅱ.①隋… Ⅲ.①青少年教育 – 美育
Ⅳ.①G40-014

中国版本图书馆 CIP 数据核字(2012)第 112636 号

美育教育读本

MEIYU JIAOYU DUBEN

编　　著 : 隋加平
责任编辑 : 郭雪飞　　　封面设计 : 孙浩瀚
制　　作 : 吉林省优视印务有限公司
吉林人民出版社出版 发行(长春市人民大街7548号　邮政编码 : 130022)
印　刷 : 北京市一鑫印务有限公司
开　本 : 670mm×950mm　　1/16
印　张 : 10　　　　字　数 : 70千字
标准书号 : 978-7-206-09040-0
版　次 : 2012年7月第1版　　印　次 : 2023年6月第3次印刷
定　价 : 35.00元

如发现印装质量问题,影响阅读,请与出版社联系调换。

目 录

校园篇

家园篇

社会篇

整合篇

校园篇

苦学成才的范仲淹 （美德故事）

父亲在范仲淹两岁时去世了。本已穷困潦倒的家失去了支柱，就更加困难了，母子俩无依无靠。母亲只好改嫁长山一位姓朱的。范仲淹到了懂事的年龄，母亲就把身世告诉了他。从那时起，他暗下决心，要重振范氏家业，并认为只有自强、自主，求学、应试，走上仕途，才能实现自己的理想。

一天，范仲淹把自己想要离家求学的想法告诉了母亲，得到母亲的支持后，他踏上了去远方求学的路。

范仲淹来到南都商丘的学舍，开启了五年的苦学生涯。

学舍里的同窗，有的跟他一样，家境贫寒，但更多的是衣锦穿裘的富家子弟。范仲淹整天沉浸在书海中，他的时间都用于学习。晚上，众人都进入梦乡的时候，范仲淹仍端坐在油灯下攻读。眼睛涩了，就用冷水洗脸，清醒清醒头脑；困了，就伏在桌子上打个盹儿。当最后一颗星星隐去、雄鸡报晓之时，他又就着微弱的晨光，开始了新的一天的学习生活。

读书是辛苦的，但范仲淹以此为乐。他深深地扎进书海里，忘记了生活的艰辛。他不像有钱人家的子弟，吃得好，穿得好；只能穿粗布衣，吃粗茶淡饭。这些他不在乎，甚至别人的白眼也不在乎。可是当有一天，他发现余下的钱，已经不能保证吃得饱时，他发愁了。想到自己已经给母亲增加了许多负担，不能再向母亲张口了，剩下的办法就只能是缩减自己的口粮。他想了个办法，每天早上他就煮一锅较干的粥，等粥凉了，用刀划成四小块，每天吃两餐，每餐只能吃上两块，至于菜呢，他是在腌菜上放点盐，

勉强把粥送下。

在如此艰苦的条件下，范仲淹仍坚持博览群书，精通六经。每当老师考问时，他总是从容对答，见解独到，老师很赏识他，连那些官家子弟对他也刮目相看了。

五年的苦学生涯在范仲淹一生中有巨大的影响，他的人生观发生了很大的变化。最初求学，本是有感于自身的遭遇，为了有所成就，光耀范氏家族；在博览群书之后，他才发现，天地是多么广阔，自己的目光却是那么短浅。他同情天下与自己一样受苦受难的平民百姓，更钦佩尧、舜、禹等救民于水火之中的伟人圣哲。他希望自己今后也能为天下人分忧解难，故常常自勉："士当先天下之忧而忧，后天下之乐而乐。"

有志者，事竟成。大中祥符八年，范仲淹终于考取了进士，步入仕途。他曾任西溪盐仓监官，1040年，他获得予龙图阁直学士，挂帅延州，积极防御西夏侵扰。他体恤当地百姓疾苦，不仅自己保持着早年俭朴的作风，还注意

联合羌族，很受羌族人民的尊重。西夏人畏惧他的名声，不敢贸然入侵。至庆历年间，他积极投身"庆历新政"改革中，提出十项革新主张。后来再次遭贬谪，却矢志不渝。他"先天下之忧而忧，后天下之乐而乐"的忧国忧民精神，在其作品《岳阳楼记》中得到充分的展示，并流传至今。

编后语：

只有从小立志，并坚持努力的人，才会取得成功；只有不断追求梦想的人，才会为实现理想而奋进。

抄出的名儒——宋濂（美德故事）

宋濂小时候家里很穷，他很爱学习，但买不起书，只能向别人借。碰到他喜欢的书，就把它抄下来。母亲问他这样做苦不苦，他说不苦，还说经过手抄，会记得更牢。

一次，他向人借了本自己很喜爱的书，决定把它抄下来，但抄着抄着由于太疲倦，就趴在桌上睡着了。醒来时已是第二天，他知道当天是还书的日子，如果到晚上才抄完，一定会失信于主人的，于是他又拿起笔不停地抄下去。直到傍晚，宋濂才把书抄完。一抄完，他就迫不及待地去还书。宋濂对自己有个规定，借别人的书一定按期归还，决不误期。正因为如此，附近有书的人家都愿意把书借给他。

宋濂就是这样，从少年到青年。他看了不少书，抄了不少书，对知识的渴求有增无减。他明白，光靠自学是不行的，必须得有名师指点才能长进。于是宋濂常常带着疑问步行到百里外向一位老先生请教。老先生有个怪癖，对向他求学的人不很热情，还爱摆架子，但如果你诚心求学，他便会诚心教你。

一天，宋濂又到老先生的家。赶上老先生正在给学生们讲授经书。宋濂进去，规规矩矩地站在那里，老先生却像没有看见似的。宋濂有些尴尬。站了许久，老先生才问他："年轻人，来做什么？"宋濂连忙说明来意，提出问题。

老先生听了，不紧不慢地喝了一口茶，才给他解释。宋濂听他讲得有理，心里一高兴，接着老先生的话头："是这样的，是这样的。"谁知老人白了他一眼："是你讲，还是我讲？"又去喝茶了。宋濂知道自己失态了，脸一红，赶忙低下头，恭恭敬敬地等候老先生再给自己讲解。

此后，宋濂常到老先生家请教。由于两地相隔较远，宋濂决心告别父母，外出求学。

当时恰逢冬天，但宋濂仍旧背起行装，毅然踏上了求学之旅。经过几天的艰难跋涉，才到达目的地。他找到旅店住下时已浑身冻僵了。老板是位好心人，见他脸冻得青紫，忙叫伙计端来热水，给他浇洗，又拿被子给他暖身子。过了许久，宋濂才觉得身子暖和了，但脚却钻心的痛。他在灯下细看，原来脚早已冻裂，恢复知觉后就疼痛难忍了。

宋濂在这家旅店住下后，因为他的盘缠有限，每天只够吃两顿极其简单的饭菜。尽管同住的人中，其他外来求学的人中有不少公子少爷，穿金戴银，神采飞扬。但仅能单衣蔽体的他从不为此苦恼。他把全部的精力投入到学习中去。

宋濂就在这样的条件下刻苦学习，成了学识渊博的人。因此，朱元璋聘他到南京，授予他江南儒学提举，还做太子的老师。

编后语：

"书非借不能读也。"环境可以造就人才，也可以毁掉一个人。太优越的条件，往往很难使人进步。但是了解自身的优越性，还能自勉的人，是可以成大器的。

智商、智力与美

智商，亦称 IQ，是测量一个人才智的指标。一般认为，智商高的人，智力较好，处理问题、解决问题的能力较强。

智商的先天性因素显著，同遗传、健康等关系密切。一般来说，父母智商高，往往下一代的智商就高；父母智

商一般，下一代也多为一般。认识这一点，对了解自己的智商很有帮助。不过要澄清一点，有人认为，凡是学习成绩不好的人，智商就低；成绩好的人，智商就高，这是一种错误的看法。成绩好坏不仅仅是由智商决定的（后面会讲到）。智力虽然同智商关系密切，但后天因素对其影响较大。人的智力是有阶段性的，随年龄阶段不同，智力水平不一样，或者说不同年龄阶段，构成智力的因素，如记忆、观察、想象、思考、判断等各个方面的水平是有差异的。比如记忆能力，17 岁前后记忆力达峰值，30 岁后走下坡路；又如观察力、想象力，孩童时代较幼稚，少年时期较天真，青年时代较成熟，其他各方面能力都是如此。因此，智力通过后天的努力是可以提高的。

当然，智商高的人，要提高自己的智力比较容易一点，反之亦然。所以，我们有必要了解一下自己的智商，以便在发展智力时作出相应的努力。比如：你的智商一般，如果梦想成为一个数学家，所付出的辛苦很多，却未必有成效。但是如果稍微调整一下自己的发展方向，转向解决基础知识，而不是探究深奥的知识，这样做会提高自己的学习兴趣。学习兴趣浓了，劲头才会足，学到的东西会更多，从而最终提高自己的学习成绩。

智商的测量比较具体，从数学和逻辑能力、对空间和几何图案的辨识能力，到语言的表达能力、普通常识的认知，都能计算得出。而数学和逻辑能力、表达能力及认知水平通过后天的培养都是可以得到提高的，所以要提高智力可以从这些方面入手。先天因素对智力的发展影响固然存在，那是不能改变的客观事实，所以不要花太多的心思在这里兜圈子，要多实践、多见闻、多思考，这才是提高自己智力水平的途径。比如：数学逻辑方面的问题，一般来说规律性是比较强的，掌握了规律，问题就容易解决，而这些规律性，是要过实际地运算、细致地观察、积极地思考就可以掌握的。又如：语言表达能力，是一种实践性较强的能力，如果不做具体的训练，根本不可能获得这种

能力。传说古希腊哲学家苏格拉底，本是一位口吃的人，但他决心要改变自己，每天口含小石子对着大海朗诵、演讲，后来成了一位天才演说家。再说到认知能力，只要多见多闻，认识水平就会不断提高，因此，多参加一些社会活动、集体活动，多做一些力所能及的东西，是很有必要的。而提高自身的智力水平，不是一朝一夕就能完成的，一定要经过长期、不懈地努力，才能实现。

人的才智，是人的内在美的一个方面，对人的美起决定性作用的。再出色的外貌，如果是蠢才，也永远不能算是美人。所以，青少年在长身体、长知识的阶段，切不可放弃对知识的追求。未来社会的发展，对大家的要求更高，需要更高的才智才能肩负起社会的责任。现实生活中，很多青少年把追求外表美放在第一位，不重视内在美，甚至对内在美持讥讽的态度，比如："知识值多少钱？没有知识的人赚钱更多"等说法，都是不可取的。知识无法用金钱衡量，其相互间也无可比性，这一点大家应该明白。

总之，作为学生，增长知识是对自己的未来发展有益的事情。

学中求美

"爱美之心，人皆有之"，这里的美，不单单指美丽的外表，还包括人的内在美，对于成长期的中学生来说还不能完全走出的困惑。各种教材中都具有丰富的思想内容或完美的艺术形式，通过学习从中得到客观世界的印象，培养自己分辨真假、善恶、美丑的能力，树立正确的审美观点，充实自己的精神世界。

比如：语文教材中小说占一定的比例。小说的一个重要艺术特征，就是塑造有血有肉、生动感人的人物形象。这些人物是作者与读者进行情感交流的媒介，优秀的作家总是通过他笔下的人物形象来描绘他所处的时代，寄寓他所领悟的生活哲理。评价文学形象，是陶冶情操、启迪心灵的欣赏过程。

　　像小说《最后一课》里面的两个人物：韩麦尔老师和小弗朗士，他们互相映衬，使文章的爱国主义思想主题鲜明突出。韩麦尔先生因为是"最后一课"而伤心欲绝，从他的语言、表情、教法，等等，表现出他是一个非常热爱自己祖国语言的人，而小弗朗士在老师的教育下，认识到之前没有认真学好母语是错误的，而今后却无法再学习母语，心里感到十分懊悔，最终认识到母语是祖国的象征，失去母语的人将是真正的亡国奴，从而激起他强烈的爱国热情。文章中两位爱国主义形象是深深地打动读者的，读者可以从中得到爱国主义教育的真谛，增强自己的爱国情感。学习《最后一课》，是对自己进行一次爱国主义教育。事实确实如此，连母语都说不好，如何谈爱国呢？这篇课文从爱国的角度选材的，我们学习它，也就是上另一种形式的爱国主义教育课。

　　读过莫泊桑小说《项链》的人，对主人公玛蒂尔德爱慕虚荣、追求享乐的恶习会深恶痛绝。而这一悲剧产生的原因，其实是只追求外在美而内心空虚导致的金玉其外、败絮其中。以批判的精神对待社会上为名为利而丧失人格、国格的事例，正是这篇小说的现实意义。通过对这篇文章的学习，就会明白外表美与心灵美统一是很重要的。从另一个角度看玛蒂尔德，她用十年的青春去偿还因一夜风流丢失项链而欠下的巨债，而十年的奋斗改变了她的境遇、容貌，更改变了她的性格，她从中应该悟出点什么呢？大家通过学习，可以知道：十年后的玛蒂尔德外貌苍老了，但她用自己的劳动所得还清了债务，从梦幻中回到了现实中，内心充实了，可以说，她活得更有意义了。虽然，她不是个完美的形象，但她不逃避责任，不怕挫折，勇做生活的强者，揭示了生活的规律，这也是她的可贵之处。学过这篇课文后，应该了解真正的美是外在美和心灵美的统一，对我们树立正确的审美观有良好的借鉴作用。

这里仅从语文课文中列举许多美的形象，只要我们善于总结、勤于思考，就能从中得到审美教育。

不适宜的浓妆艳抹

改革开放使我们国家的经济发展了，富裕起来的人们，很难再见到穿着补丁叠补丁的学生了。越来越多的中学生在追求衣服的品牌、款式上花的功夫令其家长为难。

也许你曾在校园内看到过这样穿着的学生：一条牛仔裤，裤边突出两条显眼的白线，裤子内侧由银色链条做成，喇叭口的裤脚碎碎的，像一匝麻花，膝部打磨得雪白，其他地方大概是白里透蓝。内侧的链条乍看上去，像是个"几"字。远远的看过去，会以为走路的人两腿劈开了，很滑稽。这样的奇装异服不太适合进入校园，但部分学生为了追求美，把时尚前卫带进校园，把属于自己年龄段的纯真隐藏起来。也有一些学生认为穿超短裙、着紧身衣很美丽。殊不知，学生需要的是清新、自然，而非妖冶、前卫，越简洁的越美丽。一般来说，只见衣妆不见人是着装的败笔。人的美丽有内在美与外在美两种，而衣着只不过是外在美的一种点缀。如果衣着太突出、艳丽，人自身的特点就不明显了，对展示自己是一大损失。对于学生，穿衣最基本的要求是自然、朴素，同时，更要突出其天真活泼、朝气蓬勃的特点。穿与年龄不附的衣着，只能使人觉得未老先衰，少年老成。世界上没有绝对的美与丑，人的衣着亦如此，只要适合自己的年龄就可以了。

美的范畴多种多样，仪表美也包罗万象，变化万千，但万变不离其宗：这就是个性。人的外表美虽然很重要，但真正的美在于心灵，在于内在的素质、涵养和渊博的学识。任何奢侈品，都是装饰、点缀，一位真正的美人有了这些会更加光彩照人。如果只是徒有其表、心灵丑的人，人们就不会觉得她美。作为学生在校期间要不要穿这类衣服呢？笔者认为，大可不必。毕竟学生的美有其特定性，袒胸露臂，玉腿酥胸不适合女生，如果你太追求这些"大众化"的流俗，你在美丽自己的同时恰恰失去了自己，这样很难会得到老师同学的承认。

学生穿衣打扮之美要与活泼、变化、充满生机的特点相符合。过艳容易失去活泼；过奇容易失去变化；过成年化容易失去生机。另外，从经济的角度考虑也不合适，由于学生的身材变化较大，假如某件衣服是名牌，价格高，但没穿几次就不合身了，这未免太浪费。当然最重要的原因是学生应以学习为主，如果在打扮方面花太多心思，肯定会影响学习。所以，学生的衣着打扮还是随意点更好。

不过，物质文明的程度提高了，要求在穿衣打扮方面做些改变是应该的。在这里，笔者只是提醒大家不要同社会青年一较高低，希望大家不要太过讲究，不要穿奇装异服。因为有的衣服其他青年人可以穿，学生却不可以穿；有些衣服学生可以穿，其他人不可以穿，如：校服。这就说明，穿衣打扮也是有规矩的，大家要注意。

自身美的塑造

鸟美在羽毛，人美在心灵。热爱美、追求美可以说是人的天性，对于学生来说也是一样。但是，有目共睹，校园里，偶尔会见到有的学生在小卖部买来好吃的东西，一边吃一边把果皮、包装纸随手扔掉，根本不觉得自己是在制造校园垃圾。

现实生活中有的学生只追求外在美，刻意打扮，穿着名牌，却不注重生活小节。其实，外表美在文明社会还是很重要的，但心灵美在集体生活中的位置更高。由于学生在学校生活的时间占大部分，如果只关心自己，而把学校的东西当成与己无关的东西，这就要注意了，自私的人不能说是心灵美的人。尽管每个人都希望在刚刚展示于自己面前的生活画卷上缀满美丽的花朵，热切地得到同龄人的尊重、好感，得到大家的承认与赞许。可以说，正因为中学生们对美地热切追求，才使中学的生活呈现出绚丽多彩的画面。

那么，中学生们又该如何塑造自己的美呢？最重要的是提高自己的审美能力。一个人要使自己美起来，只懂得

内在美与外在美的含义是不够的，更多的是应该到实践中去提高自己的审美能力。首先，必须加强思想品德修养，这样你才能在复杂的社会现象中分清真伪，明辨是非，从本质上去发现美。其次，作为一名学生，更主要的是必须刻苦学习，勤于实践，不断开阔视野。只有见多识广，才会有较高的鉴赏力。我国明代旅行家徐霞客有句云："五岳归来不看山，黄山归来不看岳"，这样的审美判断并不是他的臆造，是他遍游祖国名山大川的总结。他写了许多游记，实录了旅行过程的所见所闻所感，由于他把各山川的特点做了对比，得出了别人不能感受到的体会。他对黄山的评价正是因为他看到黄山兼有泰山之雄伟、华山之险峻、衡山之烟云、庐山之瀑布、峨眉之清幽、雁荡之奇巧之后得出的，这样的评价也得到后人的赞同。徐霞客大量的游记留给后人丰富的有价值的地理方面的史料，这与他的努力求知，勤于实践是分不开的。另外，要懂得点美学知识，看一些有关的通俗读物，听有关的讲座；参加一些艺术活动，积极参与书评、影评及一些歌咏、舞蹈、绘画、书法等文艺活动，这些对培养自己的审美能力和创造能力是很有好处的。

塑造自身美的形象当然不是某一个人的事，应该同社会息息相关，因每个人都是社会一分子，人人变得美了，我们的社会才变得更美。在学校里，自身的美当然不是单从外表方面看的，并且外表只是一个很次要的方面，所以学生们要明白，努力追求真正的美。

潇洒的校服

活泼可爱的少男少女，应该有权利享有五彩缤纷的服饰，来伴他们度过豆蔻年华。超短裙、西服、休闲服，穿着固然漂亮潇洒，可是对于大多数的时间是要在课堂里、操场上度过的中学生来说，校服无疑更具有实际意义。

然而，经常听到有些少男少女埋怨：学校发的校服太一般化了，实在不想穿。这种心情可以理解，因为处在青

春期的少男少女，是长身体、长知识、思维活跃的阶段，打扮开始追求个性和新奇，而校服千篇一律，不能满足少男少女们这种精神需要。但是，学校是有规定的，学生不可能像社会上的人一样自由地穿戴五花八门的服饰。而穿校服则体现一间学校、一个班级的纪律性，突出其统一整齐、纯洁高尚的特点。因为在一个集体里，如果没有了规矩，往往就成为一盘散沙，这个集体也就没有力量了。从这个角度说，校服是集体力量的象征。

校服的设计一般是从学生活泼可爱、纯朴天真的特点着眼的，时髦新奇、艳丽夺目不会成为校服的主流特点。少男少女年龄是在 16 岁上下，穿戴往往会出现"高不成，低不就"的情况，穿五颜六色的童装会嫌太小、太幼稚，穿争奇斗艳的成人时装嫌太大、太老成。实际也是这样，穿童装，给人的感觉是总是长不大的孩子，穿成人装也让人觉得人是小大人、滑稽。中学生不是儿童，他们已经有了一定的审美能力，对童年时代感兴趣的色样已经习惯了，力求更新更美是必然的；中学生不是大人，审美观有一定的片面性、盲目性，虽然也有比较成熟的一面，但总的来说，还是比较天真、比较理想化的，很少有大人的那种稳重及坚定，随意性较大，变化强烈。鉴于这样的情况，校服的样式是既能区别于流行式，又突出制服统一严谨的特点，让人穿在身上觉得有身份的区别。其实穿校服也会使人油然而生一种自豪感的。有时在人海中，偶尔发现几个穿戴跟自己一模一样的同龄人，就好像他乡遇故知，惊叫一声："校友！"这样的感受是一般人没有的，这样的亲切与惊喜，大概也是校服给大家的一种美丽吧！校服是学生的专利，其他人都没有资格穿，学生的青春活力。是其他人所不具备的。从这个角度来说，校服是充满活力的象征。

时下的新潮衣服，质料讲究，款式新颖，体现了社会人们求新求美的心理。但对于中学生来说，这种追求是不适当的。因为学生的生活内容、生活环境是比较固定的，变化不大，并且是以长身体、长知识为主，如果一味地追

求新、美，会对自己的学习生活产生不良影响。而校服可以缓解外界带给学生的压力。削弱外界对学生的诱惑力，对学习会产生良好影响。另外，校服成本费较新潮衣服低出许多倍，也可缓解家庭经济紧张状况，学生的身材变化是很大的，如果校服成本太高，必然会加重家庭经济负担。从这个角度说，校服具有一种社会综合效益。

校服最潇洒，虽然它不代表潮流，但它里面有纯有真，体现中学生守纪、团结、充满活力的特点，它代表了年轻，代表了向上，代表了希望。

怡情的音乐

有句话是这样说的："学音乐的孩子不学坏"。这句话简而言之当然是不科学的，但鼓励青少年学音乐，却是肯定有利于其身心健康发展的。

有人说音乐是诗，有人说音乐是画，还有人把它说成是建筑，不论怎么说，都是从音乐的抽象特点方面去说，说出了音乐与其他姐妹艺术之间千丝万缕的联系，音乐同其他艺术门类一样，具有表情达意和反映现实生活的功能。音乐之美，人人爱之，有关音乐的神话传说也很多。比如：古希腊，传说音乐家奥辅斯能用音乐驯服野兽，野兽们一听到他的音乐，都很听话地躺在他的周围。在我国也有类似的传说。据说，春秋时代晋国乐师师旷鼓琴时，竟能使白鹄低回于其上，玄鹤衔珠在他的庭院跳起舞蹈。这些音乐感动鸟兽的故事，反映出人们对音乐形象的巨大艺术感染力的认识，说明很早以前，人们就能从音乐中得到美的享受，陶冶情操。

现代科学研究成果表明，音乐学习能加强空间推理理解能力所需的各种脑神经之间的联系，并能建立新的神经桥，对提高人的素质有强大作用。又由于音乐具有抽象性、模糊性、多解性的特点，因而参与音乐活动，需要展开想象，不论是中小学音乐课堂进行音乐欣赏，还是旋律发展等创造性活动，都利于促进形象思维能力的开发，锻炼其

发散性思维、超常规思维，发展创造性想象，提高创造性思维能力。参与音乐活动，特别是合奏、合唱等，能提高人的对多声部音乐的审美情趣，将感官锻炼得更加灵活敏锐，并且对协调动作，增强合作关系、集体观念，增进团结友谊，健全完善人格有着潜移默化的作用。

在日常生活中，外界的音响带给人的情绪影响是极其明显的。繁杂、混乱、刺耳的噪音，令人不快、焦躁、厌恶；相反，和谐、轻快、动听的乐曲，则能令人轻松愉快。这些体验是人所共有的。一个人情绪常常保持轻松愉快，必然对其性格气质产生良好影响，对其良好人格的形成会有不可低估的作用。早些年，由于学校对音乐教育不够重视，学生缺乏正确引导，又由于港台歌曲具有强大的渗透性，情情爱爱、格调低下的流行歌曲充斥校园，港台的"天王""歌后"成为青少年盲目崇拜的偶像，产生了很大的消极影响。这是音乐发展的误区，应当立刻作出纠正。

音乐同时代精神是一致的。一首直接反映时代革命情绪的乐曲，无疑能振奋人的精神，召唤人们以更饱满的热情去完成时代赋予的使命。人所共知，《马赛曲》对于法国大革命，《国际歌》对于俄国十月革命，《义勇军进行曲》对于中国抗日民族解放战争，都曾起过号角的作用，并且至今还具有鼓舞人们精神的力量。当然，不只是这些充满革命豪情的乐曲能给人强大的力量，一切情调健康的乐曲，也都可以丰富人们的精神生活，丰富人们的美感，特别对青少年，可以激起他们对美好理想的向往与追求。比如《学习雷锋好榜样》《绿岛小夜曲》等等思想性、艺术性都强的歌曲，人们在优美的旋律中会产生美好的联想。

音乐可怡情，音乐形象的深刻感染力量，使音乐鉴赏不单是一种纯粹的精神享受，它还在轻松愉快的情境中改变人、塑造人。我们要热爱音乐，学习音乐，切不要做音乐盲，或对音乐产生片面看法，抵触音乐。

兴趣与金钱

年仅 15 岁的萨尔瓦多女孩玛丽娅·罗塔斯，被人们誉

为 20 世纪最著名的"丑小鸭"。为什么呢？因为她刚满 6 岁时即挣得了第一个 100 万；目前年收入达 2000 万美元；不久前，她作为世界上最年轻的商人而被载入《吉尼斯世界大全》。

玛丽娅 6 岁时，父亲带着她去著名玩具商唐纳德·斯帕克特家擦洗玻璃窗。在门口，她正好碰到斯帕克特先生。斯帕克特先生手里正拿着玩具，他突然问玛丽娅小女孩最喜欢什么样的玩具。她说什么也不喜欢，并以 6 岁女孩特有的眼光挑剔地数落了商店那一件件玩具，并且意见准确，切中要害。不久她被玩具公司聘为顾问，到 15 岁时就成了玩具公司的副总裁。她有钱了，但钱没有使她头脑发热，她在日记里写道："不要将自己的兴趣投入到金钱上，而要将钱投入到兴趣上。"写得多好啊，这便是一个 15 岁女孩的心声。

兴趣、金钱两者，小丽娅作出了很正确的对待。小玛丽娅知道，把兴趣投入到金钱上，只是白费时间，徒费金钱，把金钱投入到兴趣上可以充实自己，发展自己，赚更多的钱。玛丽娅与同龄孩子别无二致，喜欢逛商店、跳舞、看动画片，喜欢吃零食，特别是冰淇淋和巧克力，也还要上学读书，因此玛丽娅的想法是难能可贵的，小小年纪就能把一般孩子难以处理的问题作出合理的对待，或许这就是她成功之处吧。

兴趣与金钱这两样东西，在人的一生当中是十分重要的。兴趣往往就是一个人的志向，而金钱往往就是目的，是事业成功的象征。兴趣是可以变的，随年龄、学识、经历、阅历、环境等变化而变化，而金钱是可以赚取的，金钱满天飞，就看你有怎样的方法，也就是看你有什么使事业走向成功的方法，方法找对了，并付出艰辛，一定会成功。因此，要使自己的兴趣与社会发展要求、发展方向相一致是极其重要的，否则将会一事无成。澳洲有个人，有一次他买奖券得了巨奖。他最喜欢吃美食，于是辞了工作，每天大吃大喝，不出两年，他身体发胖不止，连走路都困

难。他后悔地说："我为什么不把钱投资到社会中呢？金钱害了我。"是金钱害了他吗？应该说是他自己害了自己，他沉迷于吃喝，不思进取，自尝苦果了，世界上比他有钱的人多得多呀！为什么就不见别人这样叹息。他为什么不开一间"美食天堂"，造福大家，既使自己的兴趣得到了发展，又使自己的金钱用得有意义呢？可惜他没有把兴趣、金钱放在适当的位置上。

现实生活中有些青少年也犯了同样的错误。有的人对电子游戏产生兴趣，渐渐便入了迷，有书不读，有试不考，成了电子游戏的俘虏，与电子游戏机共存亡；有的人有了几个红包钱，身子就发痒，大吃零食，大玩游戏机，到处游逛，家里的正餐吃不下，家里的椅子坐不稳了。这些人就是没能像玛丽娅一样摆正兴趣与金钱的位置，其实是胸无大志的人，如果任其发展下去，莫说成为一个成功人士，连做个平凡人也不能了。近期曾听过关于"电子鸡"的报道，说有的学生被"电子鸡"搞得晕头转向，"鸡"死了或病了、或不正常了，他们就大喊大哭，似乎疯了。我想，这些学生如果感到学习困难了、成绩退步了而哭喊是值得同情帮助的，为虚构的"鸡"而这样是大可不必吧。

还是玛丽娅说得对，不要将兴趣投到金钱上，而要把金钱投到兴趣上。这也是玛丽娅的成功之道，对我们青少年来说也是很有启发的。虽然青少年不要说钱，但兴趣总还是要说的，你有怎样的兴趣，这或许就是你成功与否的关键，建议各位青少年读者多点想想这个问题，为自己以后的成功打下基础。

不可少的体育运动

美是体育运动中的灵魂，美融汇在体育运动每一个动作之中，失去美的运动是没有生命力的。因此，各种运动动作造型都使人有美的享受，得到美的愉悦。

说起体育运动，古代就有，不过要讲重视程度，应数古希腊。古希腊城邦制时代，健美人体已成为一切文化中心和一切政治追求的象征，健全的思想寓于健康的身体是典型的古希腊人的人体审美观，乐观、健康、活泼、条理、程序、恬静、清明等等就成了古希腊人的生活准则，健身锻炼是他们重要的生活内容。古希腊人从五岁开始便进行武装表演，练习角斗技术。不仅男子如此，女子也同样受训。更加突出的是古希腊人很重视改造人种和优育，凡一生下来检验出不健康者即被处死，所以古希腊人重视体育运动同其改造人种和优生优育的思想息息相关。我国古人也很重视身体锻炼，气功锻炼是其中之一，至今已有三千多年历史了，它同祖国医学、宗教、武术各界也联系得很紧。现代社会，体育运动已经成了人们不可缺少的生活内容之一，体操、技巧、游泳、滑冰、健美、球类、田径类等等成了运动爱好者的津津乐道的话题，可以说，如果哪一个人不懂体育运动，不谈体育运动，他就不是现代人。

体育运动的目的跟现代教育目的是一致的。随着现代科学技术的发展，复杂的科学技术除了要求人的智能赶上去，而且还必须靠有健全完善的劳动者去完成，现代科学的发展向人体提出了新的要求。试想想，到太空工作、到火星去探测，随便一个人能胜任吗？没有强健的体魄当然是不行的。体育运动能增强人的体质、健美人的身体这一点已经是没有异议的了，然而有些人只认识到这一点，不知道外在美也就是外表美对人的美的影响如何，所以往往轻视了体育对人的美的作用，从而不把体育运动作为自身修养的内容。这是一种错误的认识，必须立即改正过来。人人都希望自己成为一个有用之才，而健美的身体是人才的一个重要条件。

有些中学生也不重视体育运动，轻视体育科，认为学生只要学习成绩优秀就行了。有这种思想的人原因就是把体育运动同学习对立起来，要么是体育，要么是学习，二者只选其一，甚至还认为体育会影响学习。上体育课时得过且过，没有尽力去完成规定的任务，或者干脆旷课，认为上不上体育课都不影响学习成绩，也认为体育课累人，

也连累学习。这些现象应该说是严重的，但长期以来都还得不到纠正，这是很令人担忧的。要改变这种情形，大家要提高对体育运动的实质的认识，要实践体育运动对人的好处，上好每一节课，做好每一个动作，完成每个项目的要求，争取达到优秀水平。但在学生中也有这样的情况，说自己非常爱好体育运动，整天在运动场上泡着，连学业也荒废了。这也是一个误区。体育运动只是学习生活中的一个部分，不是全部，学生阶段是要求全面发展的，如果由于体育而放弃其他文化科目，那么这个人便不可能是一个完美的人了。也有些人称爱好体育运动，其实只是爱好某种运动，其他的运动一窍不通，也毫无兴趣，这也是十分错误的。上面已说了，体育运动并不是满足某种兴趣的，它是一种健美人们身心的行为，如果只是这样，不是有失偏颇吗？

体育运动到了今日，已融进了人们生活的每一个角落，并且在人们的生活中占越来越重要的地位，大家要重视它。

家园篇

手足情（美德故事）

汉魏时，有位叫王祥的人，很小娘就去世了，缺少母爱，但性格温顺，孝敬长辈，友爱兄弟，得到许多人的称赞。他的弟弟王览是后妈生的，但王祥待他很好，所以兄弟俩相处得十分融洽，不过后妈对王祥有偏见，总是刁难王祥，王览见了，也为哥哥抱不平。

王祥每天放学回来，都要做许多工作：打柴、割猪草、挑水、打磨，总有做不完的事情。稍不如意，后妈就打他，或者罚跪。弟弟王览看不过去，多次为哥哥主持公道，但妈妈一意孤行，王览也不再劝，只用行动帮助、支持哥哥。妈妈叫哥哥干什么，王览也跟着去做，妈妈不许王祥吃饭，

王览也不吃。由于这样，王祥的后妈稍稍收敛了一下她的施虐行为。

有一年，父亲病了，王祥为了不让弟弟荒疏学业，自己却日夜守护，晚上连衣服也不脱去。虽经多方医治，父亲还是去世了。父亲死后，由于同学朋友的称誉，王祥在乡邻当中，颇得好评。有人当着后妈的面称赞王祥，说他尊长爱幼，忠厚老实，是个孝子。后妈听了，不但不高兴，反而嫉妒，甚至恶狠狠地想："他也值得称道吗？肯定是他到处张扬自己，想把我们母子俩踩踏下去。这小孩子想飞了，飞走前还要气死老娘，他才心甘。看我怎样整治你。"当晚后妈就把王览叫到床前，悄悄说："览儿，近来耗子凶得很，夜夜闹腾得我睡不着。明天你去买两包耗子药回来，不要声张。"王览答应了。

第二天，王览买回耗子药，交给了妈妈，也没有再多想这事，每天只管读书。

几天后，恰是王祥的生日，后妈吩咐要为王祥做生日，

又杀鸡，又宰鹅，搞得热气腾腾。

晚上，在堂屋里摆了张大桌，准备吃饭。菜上得差不多了，王祥的后妈从怀中掏出一小壶酒说："今天是祥儿的生日，我特地为你准备了一壶好酒。祥儿，来喝一杯。"王祥赶紧站起来说："谢谢妈！我不敢有什么奢望，好酒还是你自己喝吧！"王览心想："妈妈平时对哥哥那么冷酷，今天怎么变得如此亲热，难道她老人家真的回心转意了吗？"

后妈把酒放在王祥的面前，叫他坐下，并说："我不喝酒，不然，我倒要陪你饮一杯。你弟弟也不会喝酒，你就独自慢慢喝吧，喝个长命酒哩！"

正在这时，几只耗子从屋梁上跑过，弄了一些灰尘下来。王祥说："死耗子，真讨厌，明天买点药来收拾你！"王览一听，突然想起妈妈叫买耗子药的事，心头不免一紧："难道妈妈要对哥哥下毒手？"王览不敢再继续想下去，便故意问："妈，你叫我买回的两包耗子药呢？"他妈双眼一睁："我早已弄好，放在耗子常出没的地方了。现在别说那

些不相干的事，吃菜，喝酒！"又把酒壶推到王祥的面前。

王祥心知有异，两眼呆呆的望着酒壶，慢慢地伸手去取。王览心急眼快，赶忙也伸手去取，两兄弟差不多同时抓住了酒壶，于是你争我夺，互不相让。后妈看到这样的情况，就喝令一声："放下！都不许喝！真是两个孽种！"边说边把酒壶抢回来揣在自己的怀里。

真是惊心动魄的家宴呀！从此之后，凡是妈妈给王祥的饮食，王览都要先尝一尝。王祥后妈没了办法，只好打消毒杀王祥的念头。

编后语：

由于王祥一直真诚地对待同父异母的兄弟，所以当后妈想伤害他时，弟弟王览舍命救哥哥，实在难得。俗语说：兄弟情同手足。王祥、王览两兄弟做得好。特别是王览，自始至终站在正义一边，帮理不帮亲。尽管是妈妈，也不苟同，值得我们借鉴学习。

陆陇其的言传身教（美德故事）

清康熙年间有位名叫陆陇其的进士，是浙江平湖人，生平最孝顺，也最厌恶不孝之人。

康熙十七年，他应召进京候选博学鸿儒，还没来得及考试面圣，就得到父亲病逝的噩耗。他星夜兼程赶回家中，为父守灵。直到守满三年，他才又重新出来做官。（古有"守孝三年"的做法）

康熙二十三年，他做直隶省灵寿县的县官。一天，一位老妇人哭哭啼啼地来告状，诉说自己的儿子的种种不孝行为。陆陇其一边安慰老妇人，一边命人立刻把她的儿子抓来。可到堂上一看，竟是一未成年的孩子，陆陇其的怒气稍稍平息。心想：这孩子年幼无知，不懂得孝道也是情有可原，即便把他痛打一顿，关入牢里也不能让他学会孝顺母亲，还会造成母子分离，母亲无人侍奉。儿子也许会因坐牢而怨恨母亲，不如由我来教这孩子孝顺母亲吧！

主意打定，他便对老妇人说："既然你们母子意见不合，不如就让他暂时离开你，在我家里干点杂活，等我找到合适的人选，我再放他回家。"妇人虽然觉得不平，但又害怕官老爷，只好悻悻地离开了官衙。

少年留下后，陆陇其就让他紧随其后，片刻也不准离开。每天清晨，陆陇其总是在母亲未起床时就站在门外守候，一等母亲起床，他就急急忙忙地跑进去亲自服侍老人漱洗、吃早饭。中午、晚上两顿饭，他都恭敬地站在饭桌边上，把最好的菜肴拿出来给母亲吃，等母亲吃完了才坐下去吃剩下的东西。办完公事后，只要有时间，他都要到母亲住的地方去，陪伴母亲，有时谈古论今，有时像小孩一样哄着母亲高兴。要是母亲身体稍有不适，他就请医抓药，煎汤送水，日夜操劳。他做这些事的时候总是诚心诚意，没有半点不耐烦的意思，而且始终如一。开始时，少年很不耐烦，觉得这位县官成天婆婆妈妈装样子给他看，根本不把这些放在心上。陆陇其也不去管他。一天、两天、一个月、两个月过去了，少年的态度一点点地变化了，想到一县之尊的县太爷这么孝顺母亲，而自己一介草民却不懂得孝顺母亲，感到十分惭愧。

有一天，那少年突然"扑通"一声跪在陆陇其的面前，泪流满面，请求准许他回去拜见母亲，陆陇其明知故问："你不是和母亲吵架，很厌憎你的母亲吗？回去干什么呢？"那少年诚恳地向他表示："我过去根本不懂得礼节和孝顺，没有好好侍奉母亲，伤了她老人家的心。我现在真的十分后悔，如果你允许我回家的话，我一定像你侍奉母亲一样对待她。"

陆陇其见几个月的身教终于奏效，十分欣慰，立即派人去请他的母亲。他母亲刚跨进大门，这少年就哭着扑向母亲。母子都十分感激陆陇其。

编后语：

孝敬父母，是中华民族的传统美德之一。而通过言传

身教来传播这一美德，应是最简单可行的方法。学生的模仿力很强，家长是学生第一任老师。家长的做法在这个问题上有着至关重要的作用。

情商与美

"情商"是情绪智商的简称，亦称 EQ，是一种心灵力量，由美国哈佛大学心理系教授丹尼尔·戈尔曼，在 1995 年出版的书籍里提出的。"情商"很重要，人的成功要素中，智力因素只占 20%，而 80% 则是其他因素其中主要是情感智力（情商）。

什么是"情商"？可以通过例子来说明。戈尔曼在书里举了一个很有趣的例子：研究者请来一班孩子，把他们一个个带进房间，告诉他们："这里有棉花糖，你们可以马上吃，但你们等我出去办完事回来后才吃，你们可以得到双份棉花糖的奖励。"说完他就走了。一些孩子急不可待，拿起糖就吃；一些孩子等了一会，忍不住，也把糖吃了；还有一些孩子决心等研究者回来后才吃。研究者说耐心等待的孩子 EQ 比不够耐心的高，长大后各方面的成就也大一些。不过，这只能说明"情商"理论的一个方面的问题，其实"情商"理论涵盖面很广，包含有五个重点。第一个重点是自发性。一个 EQ 高的人，懂得自动自发，做事不需靠外界推动力，就算 IQ 不比别人高，但成绩可以比别人好。第二个重点是控制情绪。一个 EQ 高的人，懂得控制自己，使自己保持头脑清醒、心情开朗，能够做到适时、适度地表达自己的情绪。第三个重点是眼光放远。一个 EQ 高的人，不会沉溺于短暂的利益之中，比较能适应环境、比较讨人欢心、比较敢冒险、比较自信可靠，第四个重点是自我认识。一个 EQ 高的人比较了解自己，懂得自我反省，并可以从不同的角度去认识自己，知道自己的感情，比较直率，能永恒地鞭策自我，激励人生。第五个重点是维系融洽的人际关系。一个 EQ 高的人，比较有同理心，能设身处地地为别人着想，比较尊重别人的想法和做法，与人关

系较好。由此可见，"情商"是一种能洞察人生价值、揭示人生目标的悟性，是一种可在顺境、逆境之中穿梭自如的能力，是一种克服内心矛盾冲突和协调人际关系的技巧。高"情商"是优秀人格和高尚情操的完善集合。

戈尔曼明确指出，"情商"是个体最重要的生存能力，是一种发掘情感潜能、运用情感能力影响各个生活层面和人生未来的关键性品质要素，可以在后天的人际交往中养成。"情商"形成于婴幼儿时期，成熟于儿童和青少年时期，所以青少年时期是提升"情商"的一个重要阶段。

由于"情商"涵盖人生的各个层面，"情商"对人的美影响当然是至关重要的。"情商"高的人，在社会竞争中容易取胜，能够实现自己的人生价值，形象比较高大，令人羡慕，还可以成为偶像。相反，一个生活的失败者，在他身上还有美可言吗？他只值得怜悯。所以，提升"情商"可以帮助人改变自己的形象，成为大众喜爱的对象。按照戈尔曼的理论，"情商"会随着人生经验的丰富、学识的增长而增长。因此，只要我们注意吸取生活的经验，不断丰富自己对生活的认识，我们的"情商"会不断提升，在社会生活中影响力会越来越大，就能造就自己完美的人生。青少年正是"情商"形成的成熟阶段，更应该积极地、自觉培养"情商"，使自己更早地适应复杂的社会，为以后的成功打下基础。而自己的"情商"提高了，在学校也会备受老师同学的欢迎，对自己的成长是有好处的。

"情商"同美有必然联系，"情商"高的人，性格、气质必然更美，这是从"情商"理论的 5 个重点所得到的结论。因此，想使自己变得更美，你不能不考虑一下自己的"情商"，才会使自己越来越有魅力。

提高家庭生活品位

大家从家庭中走来，家庭是人生的第一所学校，家庭对每个人的影响是巨大的。家庭生活内容，对青少年的影响是潜移默化的，青少年在家庭生活中所吸取的东西或许

自己毫无发觉，当发觉家庭对自己的影响时，自己往往已经独立了。

家庭生活内容对青少年的思想的形成和发展是有较大影响的。因为家庭生活对青少年的影响是时时刻刻都在进行着的，并且每一项内容都会同其生活相关联，青少年必然会对此作出相应的反应。河南省内乡县师岗小学有个学生，名叫谢婉莹，看了关于香港即将回归的电视报道，并追问父母："香港在哪儿？"父母也不简单回答了事，而是找来地图给她指点出来，又给她讲述香港的历史与现状，特别强调指出："到 1997 年 7 月 1 日，香港就要回归祖国了。"从此以后，小婉莹就特别关心香港回归的电视节目，并决定给英国女王写信，"让她把香港还给我们"，这事得到了父母的支持与肯定。于是她就给英国女王写了封短信，得到的回音是："你的建议已得到重视。"消息传开以后，人们对小的婉莹也肃然起敬了。小婉莹这样的举动，在一些人看来，或者会觉得幼稚，不以为然，但深入思考下去，难道你不觉得她稚嫩的胸怀中是跳动着一颗滚热的爱国心吗？她同全国人民一样热切盼望香港回归祖国吗？她的举动当然是一种高尚的举动。家人对其引导和支持，更使她认识到自己做得对。我们伟大祖国今天的一切，与亿万同胞热爱祖国、为国增光的热情是分不开的，爱祖国和其他道德情感与信念一样，使人趋于高尚，使人爱好美好的事物，更使人尽一切努力促使高尚与美丽的东西体现在行动之中。如果当初对小婉莹的提问父母亲只是敷衍了事，小婉莹就不会有写信的行动。正是由于家人的启迪、重视，小婉莹从中得到教育，幼小的心灵才迸发出爱国的思想火花。

对一个青少年来说，家庭更是他们的自由天地，在学校不能说、不能做的东西，在家里都可以实现。他们可以玩耍、可以任性、也可以搞些感兴趣的小玩意。在这个时候，家长往往是放任的，或者根本管不了。这就需要青少年自己懂得怎样的生活才更有意义，才可使自己在家里过

上更丰富多彩、对自己的成长有好处的生活。做些同学习有关的游戏，看些对自己思想发展有益的书，问些同社会有关的问题，思考一些有意义的东西，这样，就能把由自己支配的家庭生活内容提高一个层次，而不是只停留在不懂事的水平。小婉莹的问题、举动就达到了这个要求，她不是闹着玩的，她是从心底里想到应该这样做的。也许她说不清香港回归的伟大历史事件的重大意义，但她知道这比玩耍、看动画片、玩电子游戏更有意义、更重要，于是她由衷地发出"把香港还给我们"的时代强音。孩子的心是纯真的，孩子的心音是美丽的，这种美丽是孩子自己创造的。青少年要多创造一点这样的美丽。

家庭是青少年的自由港，学校紧张的学习生活过后，在家里放松一下是应该的，但这不是说想什么都可以、干什么都可以，基本要求就是想的、做的都应该是有意义的。不过，这说起来容易，做起来难。难就难在什么是有意义的？这个问题或许有许多青少年不理解。家长说的、老师要求的，往往与青少年自己想的是相反的，所以，这就需要互相沟通，多些平心静气的思考与讨论，辨别出利害、美丑。家庭的生活有意义了，对自己各方面都是有好处的，比如：平常谈话的内容吧，如果谈话的内容总是同奉献、同国家利益结合在一起的，那么青少年自己可以了解到大人的看法是这样的，自己在平时生活中实践了这些做法，无疑就是使自己的思想提高了一个层次。

因此，青少年在家里，要自觉地给自己造就一个优良环境，可以使自己更成熟、更能被社会接受，自己也会变得更完美。

积极地追求人格美

中国青少年研究中心、中国青少年发展基金会课题组经过历时一年的调查，认为我国城市独生子女人格发展具有五大优点，即珍惜友谊、充满自信、乐于助人、自我提高需要较强、兴趣广泛；同时，也存在攻击性强、成就需

要低、勤劳节俭差和学习动机扭曲四大缺陷。由此看来，我国独生子女人格状况值得关注。

人格，是指一个人的性格、气质、能力等方面的总体特征。人格力量很重要，人格的力量是巨大的。它可以影响一代人，可以化敌为友。中国革命战争时期，毛泽东同志就是靠自己的人格魅力团结了所有共产党人取得了革命的胜利，直到现在，凡是感受过毛泽东人格魅力的人都总是忘不了，总是觉得有一股力量在推托着自己。延安时期那一代人，无不深受毛泽东的人格熏陶，其深远影响一直保持到现在。巴解主席阿拉法特，一直是以色列当局暗杀的目标。以色列当局为了达到目的，曾在巴解组织里安排了间谍，决定在食物中施毒，可是那位曾在阿拉法特身边工作多年的间谍最终下不了手，后来就向巴解组织自首了。问他为什么这样做，他说因为阿拉法特的人格魅力太强了。阿拉法特的人格魅力多么巨大呀！

自古以来，许多有识之士都把人格看得比生命更高贵。

文天祥在高官厚禄面前不为所动，朱自清宁可饿死也不吃美国的救济粮，闻一多在国民党的枪口之下不怕威胁，他们的浩然之气，铮铮铁骨，表现了他们伟大的人格，这种人格魅力不仅维护了中华民族的尊严，更增添了中华儿女的风度和气质。

在现实生活中，与人为善、先人后己，严于律己、宽以待人、善于体谅别人，富有同情心，等等，都是人格高尚的表现，它会给人的风度、气质增添无限的魅力。上世纪五十年代，雷锋以其高尚的人格，赢得了全国人民的拥戴。到了九十年代，在一次青少年的心目中偶像大排队的十人榜上，有九名是港台歌星，有一名是雷锋，这也说明了雷锋的精神还在影响着人，还说明了当代青少年中缺乏自己的理想偶像。本文开头所公布的调查结果也反映出城市独生子女人格状况基本良好的同时存在重大缺陷，这是十分令人担忧的。如果不及时加以补救，后果将会是不堪设想的。

　　青少年的人格是未定型的，是还在不断发展中的，不过调查结论说明青少年的人格状况处境严峻，大家不能等闲视之，要立即行动起来，为塑造自己美好的人格作出最大的努力。专家认为，如何培养独生子女的健康人格，已成为我国跨世纪教育的焦点话题。一般地说，家庭教育、学校教育、伙伴关系是影响独生子女人格发展的三个主要原因。所以，我们要追求美好的人格，必须不折不扣地接受家长老师的教导，慎重地选择朋友，要交益友，莫交损友。可是有些青少年没能做到这样。有的人在学校是备受称赞的好学生，在家里刁蛮任性，成了小霸王，总是以自我为中心，有时明明是自己不对，也要父母服从自己，这些行为都是会影响自己健康人格的形成的，大家要引起注意。也有些青少年自从交了一些新朋友之后，思想就发生了变化，比如：学习劲头小了，学习成绩差了，染了一些坏习惯，如抽烟、游逛、不按时作息等等。这些人大多是受了坏朋友的影响。渐渐改变了自己的，如果任其发展下去。必然会导致自己的人格向不良方向发展，最终会成为一个没有人格的人。本文开头的调查结论也提醒了大家，青少年人格四大缺陷已经客观存在，不能掉以轻心。当然，也不能因此而自暴自弃，应该多点自我批评，及时发现自己的优点和缺点，把好的发扬光大，克服不良的方面，只有这样，才能够培养出健康的人格。

有个谜语说得好："唯有它最高贵，如果出卖了它，它就一文不值。"这个谜语的谜底就是"人格"。正因为人格高贵，因此，我们必须维护它，追求它，使它为自己所有。

勤俭节约要牢记

勤俭节约精神，全社会推崇，我们的长辈在这方面给我们树立了榜样。

中华人民共和国刚建立，毛泽东成了国家主要领导人，毛泽东同志平时周济同志慷慨大方，但是对自己却十分严格，生活总是十分俭朴。他办公和居住的地方，并不是什

么华丽宫殿，只是一所古老的砖瓦平房，房内摆设很简陋，一些工作人员看不过去，准备给修缮一下他都不让。认为没有必要。平时他只有两套衣服替换着穿，一双皮鞋已经旧了，连鞋跟两侧也磨去了一分多，当工作人员要他更换时。他总是说："还能穿，还能穿。"始终没有换。20世纪60年代初，国家经济生活出现了暂时困难的局面，毛泽东和全国人民心连心，同甘共苦，规定不吃肉，不吃细米。毛泽东同志身为国家领导人，对生活要求那样低，不搞特殊化，他心里装着全国人民，他觉得人民的生活还不好过，作为领导者也不应该过太好的生活，只要能够将就得过去就行了。而按理说，他应该过着更好一些的生活，因为他肩上的担子比别人更重，可是他没有这样想，这就是他的伟大之处。

蔡元培先生出任民国教育总长之后，仍然保持着勤俭节约的生活习惯。在家里，一有时间就自己洗衣服、做家务。做了北京大学校长后，虽然是高薪阶层，仍过着俭朴的生活，饭菜同一般人一样没有什么特别，有个学生亲眼见到，几个馒头、两碟小炒就成了他的一餐饭了。作为教育总长、北京大学校长的他也做家务事，也吃平常餐，我们难道不可以从中悟出勤俭节约所包含着的美吗？蔡先生完全可以请佣人代劳，完全可以过上物质丰富的生活，但他觉得这样不适合自己，因为既然以前能够过艰苦一点的生活，现在也可以，不能因为自己地位变了就改变自己的生活，地位变只是工作的需要，生活还应该是原来的生活，这样才体现出一个人的本色。蔡先生、毛泽东都把勤俭节约精神当作自己做人的一条准则，我们应该学习他们。

当今社会，科技发展了，物质丰富了，一切都非前可比，特别是近三十年，我国经济飞跃发展，温饱问题基本解决，人民生活已经向小康迈进，那么还要不要提倡勤俭节约呢？当然要提倡。勤俭节约是一种美德，我们要把它发扬光大。唯有勤俭节约，社会的财富才不断地积累，有了财富才能促进社会的发展，会使我们拥有更多更好的物

质；唯有勤俭节约，人的思想才会变得更加高尚，因为一个人索取得少，消费得少，这对国家、对社会、对人民都有利，而且私心杂念也会少了，物质利益上不去斤斤计较，就会把自己的一切精力都用在事业上，一心为国家，一心为人民。诸葛亮说："俭以养德"，其实这也是说明了节俭是养德的必不可少的条件；司马光也说过"由俭入奢易，由奢入俭难"的话，把节制物欲，保持节俭的重要性说得很明确。古人都认识到这一点了，我们当然不能糊涂。

当代的青少年，生长在糖缸里，没有尝过艰苦的滋味，往往不注意勤俭节约：在家从不做家务，好好的米饭吞不下，好好的馒头随手丢；旧衣服不穿，要穿新潮名牌；平时花钱大手大脚，一天的零食钱多过平常人一天的伙食钱。这些表现，都是有违勤俭节约的精神的，值得注意。其实，新时代的青少年更应该提倡勤俭节约，因为世界人口不断增多，而世界能源却是有限的，我们青少年太浪费，不是为自己制造困难吗？另外，青少年是建设未来世界的，这就需要大家有更好的道德品质，我们青少年放纵了自己，能够肩负起时代赋予我们的责任吗？

勤俭节约要记牢，时时处处提醒自己：勤奋了吗？够节俭了吗？只有这样，你才是合格的。

帮忙做家务

家务，当然是指家庭的事务，与社会事务虽有关联，但性质完全不同，它是复杂的、烦琐的、细小的；因其复杂，往往理不清，因其繁琐，往往做不好，因其细小，往往等闲视之。

现代家庭，人口少，关系单一，家庭结构简单，相对地说家务事会少一点，可以由一个人完成，其他人坐享其成。所以，有一些人就从不做家务，特别是一些青少年，衣来伸手，饭来张口，家庭中的一切事务从不沾边。出现这种情况，原因是多方面的。原因之一，就是由于现代家庭生活水平提高了，家务的质量也提高了，比如：擦地板

要一尘不染，家长怕孩子做不好，不放心；原因之二，家务不多，家长不需要帮忙；原因之三，一些青少年懒做家务，认为这不是分内的事，即使家长安排，也拒绝做；原因之四，有些青少年不会做，又不学，想做也做不了。不论哪种原因，其实都是青少年自己所造成的。父母怕你做不好，是因为他们未相信你的能力，你何不做得更好点？家务虽少，你做了一些，父母可有更多的时间做其他事，这对大家有好处；认为家务不是分内事只是一个借口，难道父母帮你洗碗是份内事？不会做，只是因为没有去学做。由此看来，家务事是明摆着的，做不做，完全是由自己决定，做得好不好，也完全是由自己掌握，大家没有什么理由不做家务。

其实，做些家务事对自己是有好处的，时间当然会花了些许，但收益却远远比你原来的想象大得多。家务事是细小烦琐的，比如：地板擦得干净不干净啦、衣服叠得整不整齐啦、饭菜煮得好不好吃啦等等。可是，有一些人就是做不好，把家里的东西搞得乱糟糟。有些青少年的房间满地狼藉，床褥不整不齐，自己经常使用的东西也不知放在什么地方，并且连自己换下的衣服有没有洗过也不知道。这些情形的出现，同自己平常不做家务是有关的。如果自己懂得做家务，这些东西完全由自己处理，并且可以根据自己的情趣设计自己的卧室。自己为自己造一个小天地，该是多好呀！还有自己懂得做家务了，可以做一些创意，比如把学校的物理知识、化学知识在搞家务时实践一下，这也是促进学习的好方法。家务虽然不像运动，出大力，流大汗，但也是累人的，那种累不是身体的劳累，却是心理的劳累；做了家务，才体会到父母的辛苦，理解父母对自己的爱，这也可以增强自己学习的动力，做了家务，也会感到劳动的喜悦，看到窗明几净，看到家具井然有序、地板发亮，谁觉得不是美事呢？做家务，也能学会很多东西，家务有很多同学校的活动内容是相似的，在家里做好了，在学校当然会做得更好。以上说的这些，或许有的人

不以为然，觉得做不做家务无所谓，做人要做大事情。我觉得这只说对了一半，人既要做大事情，也要做小事情，并且做好小事更重要。因为大多数的人都是平凡人，能做好一些平凡的事已经很不错了。当然，有志气去做大事是好的，应该明白一点，不是每个人都能做大事的，但每个人都可以做小事，并且可以把它做好。

做点家务是应该的，青少年养成做家务的习惯，可以锻炼自己适应社会的能力，可以提高自己的自理能力，可以使自己更快成熟。会做家务的人，在社会上更能理解人，自觉遵守公共秩序，讲社会道德，维护社会公德，爱护公共财物，自愿承担社会责任；会做家务的人，在学校里可以发挥自己的优势，带领同学做好班集体的工作，如扫地、擦窗、整理桌椅，这些家务里也有的；会做家务的人，更懂得体会劳动的滋味、乐趣、意义，积极地、自觉地参与集体劳动，并做得更好。由于这样，更容易在同龄人当中突出自己，使自己变得更有魅力、更可爱。

做家务是一件光荣的事，不论从哪个角度说，对自己都是有利的。大家以后要勤做家务。

养成好习惯

生活习惯是一个人的某种固定的生活模式，存在于每个人的生活小节里面。

生活习惯是很常见的。比如：有人习惯早上 6 点起床，晚上 10 点睡觉，这是一种睡眠习惯；又如：有人业余时间喜欢打球，这也是一种生活习惯。生活习惯有好坏之分。有人"饭后一支烟，胜过活神仙"，这是一种不良的生活习惯；有人习惯饭后剔牙，把牙签咬在口角，一边跟人说话，一边把剔出的食物津津有味地嚼一会儿，吞到肚里去或者把剔出的食物放在鼻下闻一闻，又睁大眼睛看一看，把它甩掉，这是一种令人作呕的生活习惯；有人不论在什么场合，一坐下来，就脱掉鞋子，把臭脚高高抬起，或放在桌椅上，有时还用手摸摸脚板，擦擦鼻子，这是一种不雅的

生活习惯。而饭后刷牙漱口洗脸，这是一种良好的生活习惯；不论什么场合，都做到坐得正，站得稳，不放肆，不拘束，动作大方得体，这是一种高雅的生活习惯。生活习惯既然是"习惯"，所以是很难改变的，因此，我们要注意养成良好的生活习惯，改变自己不良的生活习惯。

良好的生活习惯会增添人的美，不良的生活习惯会损害人的美。人是生活在社会当中的，一言一行都同社会生活密不可分，生活习惯比较具体地反映人的生活特点，是文明高雅，还是丑恶庸俗，都一目了然。有的人一有时间就看书学习，有的人却争分夺秒打牌、搓麻将；有的人有时间就约一二知己郊游，有的人却漫无目的到处游逛；有的人有时间喜欢搞点花样，比如：弄点风味小吃、做点家务事，有的人却喜欢睡懒觉。这些都可以从一个侧面表现出人追求怎样的生活、具有怎样的生活情趣、具有怎样的审美观。良好的生活习惯容易被社会接受，并且对美化自己的生活有利，因为良好的生活习惯是生活当中值得发扬的东西，是大众追求的东西。经常看书学习可以增长知识，提高自己的素质，美化自己的气质；郊游可以开阔视野，活跃身心，解除压抑，培养热爱大自然的情感；做家务、弄小吃，可点缀家庭生活，使家庭生活更加丰富多彩，提高家庭生活质量，增加家庭和谐气氛，这些，其实是为了使生活变得更美好，是一种美的生活。不良的生活习惯容易培养不良情绪：对人的正常生活产生恶劣影响，并且只能丑化自己的生活，是百害无一利的。打牌、搓麻将虽然有人说是娱乐，其实绝大部分人以此开赌，杀得头昏脑涨，或不分昼夜，影响了家庭生活，影响了睡眠，影响了身体，还渐渐培养了冒险、狭隘、自私等不良品格；游逛虽能解除一时之闷，但给人的印象是吊儿郎当、放荡，也容易养成不思追求、只求享乐的思想，对工作事业不利；睡懒觉的习惯害处也多多，比如浪费时间，养成懒散作风等等。这些，都对我们的生活造成许多不利，甚至会丑化我们的生活，实际上也丑化了自己，使人觉得你情趣低下、胸无

大志、做事懒散。这是值得我们注意的。

　　青少年要注意养成良好的生活习惯，改变不良的生活习惯。在青少年当中，最突出的问题就是看电视、打电子游戏的问题。有的人一有时间就沉迷于此。看电视，如果时间安排得适当，内容有所选择当然是有利的，可是有的人不论是成人节目还是儿童节目、广告，都不放过，这样下来的结果，就是影响了自己的身体、睡眠，又浪费了时间，对学习极为不利。更有甚者，电视节目中有部分是性信息较强的，大家看了，很容易造成心理不平衡，对成长很有害。打电子游戏也是一个老大难问题，有人除上课外大部分的时间用在玩游戏上，现在又风行养"电子鸡"，更使一些青少年疯狂，有些人视"鸡"如命，搞乱了正常生活。据专家说，"电子鸡"之类对青少年的成长产生消极影响，意识上使青少年错以为生命不过如此，并且会带给青少年不必要的痛苦和沮丧，加重青少年的思想负担，丧失自控能力，也会令一些青少年有书不念，有试不考，容易误入歧途。青少年以学为主，养成对学习不利的习惯，必然会严重地影响学习成绩，招致考试、升学失败。

总之，我们平常注意培养良好的生活习惯，对己、对人都是有利的，这一点大家必须明白。

拒绝"小皇帝"

"小皇帝"这个称呼现在叫得顺口了，原因是现在"小皇帝"太多了。

"小皇帝"是个贬义词，"小皇帝"并不是"皇帝"，只不过他有时比皇帝还厉害，年龄又小，故名"小皇帝"。被称为"小皇帝"者，大多是那些刁蛮任性、在家里能呼风唤雨的独生子女。这一类人从小娇生惯养，在家里的地位特殊，是父母亲的掌上明珠，渐渐养成独断专横、霸道野蛮的性格，同"皇帝"一样有权威，父母亲在他们面前只得俯首称臣。"小皇帝"在家里"作威作福"，在社会上、在学校里往往是"缩头乌龟"，不能面对社会现实，容易被

社会假象蒙骗，应付不了学校的各种活动，各方面表现都比较差。这确实有点失"王者风范"了。

"小皇帝"出现，既有社会的、家庭的原因，又有自身的原因。现在国家计划生育政策只准夫妇生一个孩子，小孩成了父母的希望，成了父母的唯一中心；由于家庭只有一个孩子。有些家长教育方法失当，纵容孩子，没有及时纠正孩子成长过程的不良之处，积重难返；另外，因为只有一个孩子，家庭教育也受到了一定的限制。有篇报道讲到：有个中学生还小的时候，经常把爷爷当马骑，上了中学以后，花费多了，但父母给的零用钱又不够，只好叫爷爷了，爷爷开始还是给了他一些钱，后来他胃口越来越大了，爷爷满足不了他的要求，他就拿着菜刀向着爷爷喊："给不给?"爷爷当时就被气昏了。这样的行为，同家庭教育是有很大关系的，其实，这是"小皇帝"品格恶劣发展的必然结果。

"小皇帝"对家庭学校造成一定的压力。本来父母只要给予孩子基本的成长条件就可以了，但事情并不这样简单，有的小孩从小就有攀比心理。有个幼儿园的孩子对爸爸说："爸爸，明天你要骑摩托来接我。"原来他爸爸每次都骑单车去接她，其他大部分家长都骑摩托来接小孩，第二天当家长还是骑单车去接她时，她竟然不上车。后来她爸爸买了一部嘉陵摩托。她又说要买"大白鲨"，气得做父亲的透不过气。这样的一种心理造成了许多问题出现，特别是在中学阶段，青少年的思想未定型，很天真，吃讲好味道、穿讲名牌子、用讲高级货、扮作新潮样。可能有一些家庭是能够满足这些人的，但有部分的家庭连孩子吃饭读书的开支都凑不全，还讲什么高级名牌呢？可是"小皇帝"总是一意孤行，不能满足者，往往是以不吃不睡不上学等等"杀手锏"迫使家长就范，有些家长竟然没了对策。在学校里，这一类学生表面上是风风光光、倜傥潇洒，实际上内心空虚，心理承受力弱，往往一有挫折，就束手无策，这就给学校的教育带来了一定的困难。教师在学生中只是起

指导作用的，是否能掌握知识还要靠自己。这些人在家里靠惯了别人，在学校也要靠，但学校毕竟不同家里，久而久之，就会产生厌学、弃学的情绪，最终是对自己的学习生活产生很大的影响。

青少年不要做"小皇帝"，"小皇帝"只能是小时"有威"，大时就"不威"了。"小皇帝"心理对于自己的人格形成也会产生极不利的影响。一个人人格不全，就会失去自身的美，就会在社会上被看低，不能顺利地完成社会责任。"小皇帝"总是刁蛮任性、自理能力差、依赖性强、自私狭隘，这样的一种性格特征当然是不适合现代社会发展需要的。大家要努力改变这种状况，多做力所能及的东西，多为别人想想，只有这样，才能改变自己，才能使自己与社会相融，否则，就会被社会淘汰，成为社会垃圾，到那时真是后悔莫及了。

青少年是新时代的建设者，社会的未来是属于当代青少年的，所以，大家不能放任自己。

美丽的家居环境

桌子上，满是书本，有语文书、数学书、有练习册、课外读物，还有一部电子游戏机；床头有几本连环画，枕头歪到一边去了，被子像咸菜堆成一堆塞在床角；床前有一只鞋子，墙角有一只鞋子，蚊帐挂起了一边，另一边垂下来拖着地板。这是某一位中学生的居室。大家看了，感觉如何呢？可能会有种不舒服的感觉。

家居环境的好坏对人的情绪是有不同影响的。一尘不染、井井有条、窗明几亮、布置得当、色调宜人，无宜使人如临仙境，有种愉悦感；脏乱不堪、破烂陈旧、光线昏暗、摆设粗陋，肯定使人产生厌恶感。因此，搞好家居环境，是美化我们生活的一种方法。

家居环境要美丽，我们自己是起主要作用的。有的人说自己家庭条件差，怎么努力也不可能使它美丽起来。这是一种错误的看法。搞好家居环境，要因地制宜，扬长避

短。条件好，可摆高档家具。进行高级装修，当然可以使家居环境变得富丽堂皇，豪气满屋；条件差的，虽不能使家居环境变得豪华，但可以变得高雅脱俗。一盆花摆放在适当位置，可使家居变得生机盎然，翠色满屋；一幅国画或书法作品挂在适当位置，可令家居墨香缭绕，文雅高尚；一块镜子可使窄屋变得开阔，令人神思飞扬；一尊艺术雕塑可令居室充满艺术味，使人浮想联翩。所以并不是只有高档家具、高级音响、新科技家电才使居室生辉。其实，这也同自己的文化修养有关，文化修养高，审美眼光会更具艺术气质。有了这样的审美眼光，简陋的居室也会变得美丽，充满魅力。

家居环境的美丽对塑造一个人的美是有一定的作用的。鲜艳豪华的装饰，给人一种热烈的感觉；典雅高贵的装饰，给人一种严肃敬畏的感觉；简单素淡的装饰，给人一种平和超脱的感觉，等等，对人的性格气质产生潜移默化的作用，形成自己独特高贵的人格。

追求家居环境的美丽，充分体现了一个人对美的向往。很难想象，一个没有艺术气质的人会在自己的房间挂上一幅书法作品。相反，凡受到中国文化熏陶，形成一定的审美观的中国人，都愿意在房间摆放一些独具艺术特点的书画什么的。也可以想象，一个连自己居室都毫不讲究的人，肯定是一个没有什么美感的人。一个爱美的人，大到本人工作的构想，小到本人的办公桌摆设，都作完美的思考，不会放弃任何一个表现美的机会，不会放弃任何一个创造美的机会。家居环境，同自己的生活密切相关，搞得美一点，也可满足人的爱美之心，更可展现一个人的爱美品格，生活也会变得更美好了。

青少年虽然审美观还不成熟，但已经具有一定的审美倾向，搞好家居环境，也是自己对美的追求的一种具体行动。不过有些人根本不重视家居环境的建设，连自己的居室也任由家长摆布，自己没有一点主见。家长一般是从方便方面考虑的，只要方便生活就行，但凡是方便的东西，

都是缺少美感的。所以，大家要从自己的居室做起，建设好自己的家居环境，使之处处充满美感。

社会篇

胯下之辱（美德故事）

韩信，秦末汉初淮阴人，出身于贫民家庭。他早年穷困潦倒，度日艰难，又不会做买卖谋生，只得游手好闲，四处流浪，经常投靠人家混饭吃。因此，不少人都讨厌他。

那年，韩信在下乡南昌亭亭长家吃了好几个月闲饭，时间久了，亭长的妻子嫌弃他了，他不得不离开亭长家。韩信闲得无事，平时除了看书习武外，他便常到河边钓鱼消遣，借此打发日子，但肚子饿的问题始终没法解决，他更是显得可怜。幸好在河边上给人家漂洗丝绵的老大娘收留了他，每天给他分一点饭食充饥，他才不致于饿死。

有一次，韩信又饥又渴，无精打采地走过一处街市，突然被一群喜欢搞恶作剧的年轻人围住，他们成心要戏弄韩信这个穷光蛋、倒霉鬼。有一个人嘲笑他："穷小子，你虽然个子高大，喜欢佩带刀剑，表面看来勇敢无畏，内心却是胆小怕事的。"韩信不服气地说："我韩信连死都不怕，还能怕什么呢？你不要欺人太甚！"这个人是个亡命之徒，居然当着众人的面，肆意侮辱韩信说："你当真不怕死吗？那就狠狠地刺我一刀；如果你怕死，那就赶快从我的胯下爬过去吧！不然的话，不要怪我无情。"其他人也齐声附和，心想使韩信当场出丑。

韩信暗想："大丈夫能屈能伸，我今天杀了他这无赖，也算不得英雄。可是，假如我不能忍受耻辱，又难以逃脱眼前这一关。"于是他睁着大眼把那人上上下下打量了一番，然后不慌不忙地弯下身子，趴到地上，从那人的胯下慢慢的爬了过去。满街人看了这种场面，都讥笑韩信是十足的胆小鬼。韩信也不理睬他们，独身走开了。

不久，项梁起兵反秦，韩信知道自己建功立业的时机到了，立即投入军中，作了一名小卒；项梁失败后，又投奔项羽，但未能得到重用，他几次献上妙计都不被采纳。于是他就投奔刘邦，被任命为大将，率兵驰骋沙场，得以施展自己的才能。楚汉相争刚开始的时候，刘邦采纳了韩信的计策，捷足先登，率兵攻占了关中，为汉朝统一天下奠定了基石。后来他又协助刘邦打败项羽，建立了汉朝。韩信被封为楚王，成了流芳百世的英雄人物。

后来，韩信派人把从前分饭给他吃的那位老大娘请来，给她一千金的赏赐；再派人把下乡南昌亭长的妻子找来，给她一百钱的赏赐，并说："你是一个小人啊！做好事不能做到底。"又派人去把从前强迫自己忍受胯下之辱的人叫来，特别提拔他做官，并说："你是一位难得的壮士！当初欺辱我的时候，在一气之下，我完全可以杀死你。我今天的成就，有你当时的反面激励的一份功劳。我应当报答你。"大家听了他的话，都说："大王气量宽宏，真是常人难及呀！"

编后语：

韩信所受胯下之辱，非一般人所能忍受。所以，遇到事情的时候，冷静思考，沉着面对很重要。学生遇到棘手的问题，首先要提醒自己"冲动是魔鬼"。然后，深呼吸，使自己放轻松。这样，才会使紧张的精神得到缓解，处理事情才会灵活自如。

区寄传奇（美德故事）

区寄是唐朝湖南郴州人，他是一个打柴放牛的农家少年。郴州地区与广东相邻，当时，社会抢劫、贩卖儿童现象很严重，弄得老百姓不得安宁。有一天，区寄一边放牛，一边打柴。他东走西奔，忙个不停，干得满头大汗。突然，有两名拿着利刀的强盗出现在他的面前，区寄猛地一惊，随即镇定下来。他想着脱身计策。可是俩强盗一前一后地挟持着他，两把利刀寒光四射，毫不放松地对着自己的胸口和背心。看来，情况很紧急，要逃跑是不可能的了。区寄暗暗告诫自己："不要乱来，慢慢想办法。"两个强盗把他捆绑得很结实，用一块布堵住他的嘴，然后把他带到很远的一个集市里去转卖。

一路上，区寄故意假装小孩害怕的样子，哭哭啼啼，浑身直打哆嗦，他是想借此来麻痹强盗，以便伺机逃走。果然，两强盗见他怕得要命，认为他太容易对付了，根本不担心他会逃跑。到了离集市不远的地方，两个强盗觉得走累了，于是互相对坐着，放心饮起酒来，直到喝醉了。随后一个强盗寻找买主去了，另一强盗在那里负责看管区寄，不一会那强盗躺在地上睡着了，利刃插在路旁。区寄看时机已到，蹑手蹑脚地朝插着刀的地方移过去让背部对着刀，把捆手的绳子靠在刀口上割断了。然后，立刻从地上拔出利刀朝那个强盗的头用力一劈，那家伙头被劈成两半，死了。

杀死了看管的强盗，区寄毫不迟疑，趁机迅速逃走。可是，还没来得及走多远，那个找买主的强盗回来发现了

情况，从后面紧追上来，又把区寄捉住了。强盗看见区寄居然这样厉害，他决定把区寄杀死算了。机灵的区寄猜出了强盗要对自己下毒手了，赶快装作讨好的样子对他说："大叔，我已想通了，做一个人的奴仆比做两个人的奴仆好。他对我太凶了，所以我把他杀了，你如果不杀我，又对我好，我一定尽心尽力服侍你，你叫我做什么都行。"说着区寄又装作伤心哭了起来。强盗听了，也想到把区寄卖了比杀死他好，并且能够一个人独占钱财。于是他拿定主意，决定不杀区寄，把他带到集市寻找买主。不过他生怕区寄再次逃走，于是把区寄捆得更牢。

当天夜里，区寄假装昏昏欲睡，很快又打起鼾来。强盗也知道这小孩子实在是太困了，相信他也睡熟了，于是就和买主在炉旁大饮起来，大醉，睡死了。过了半夜时分，区寄趁机把捆手的绳靠近炉火烧断了。区寄拿起刀来把强盗砍死了。买主被惊醒了，扭着区寄不放。区寄索性大声喊起来，惊动了整个集市，人们纷纷前来打听发生了什么事。区寄趁机对大家说："各位阿叔阿婶，我是郴州区家的孩子，不幸被两个强盗捆来这里卖给别人，我把他们杀死了。我希望把这件事立即向官府报告，请求发落！"众人听了，都称赞区寄又聪明又勇敢。

第二天一早，管集市的小官就去州里报告了这件事，州官又向他的上司观察使作了报告。观察使传下指示，要马上召见区寄。观察使见了区寄，认为他既幼稚诚实，又聪明伶俐，十分喜爱他，打算把他留在身边做个小吏，但区寄不愿意，只好把他送回家去。

从此以后，乡里那些绑架儿童的人非常畏惧区寄，见了面也不敢正视他，平时也不敢从区寄的家门口经过。

编后语：

区寄年少心细，胆子大。遇事沉着、冷静，坚信邪不胜正，最终脱离虎口，平安回家。

很多人面对歹徒都采取退让躲避的方法，主要是为了

保全性命，这种做法无意之间助长了歹徒的气势，其实所有的罪犯都有心虚的一面，通过对话都能找到突破口。所以，还是那句话，遇事一定先冷静下来，这样才会找到好方法。

道德智商和美德

道德智商，用 MQ 表示，同 IQ、EQ 是相平衡的几个概念，是指一个人的道德水平。一个人长大后，会不会是个好人？有没有正直的品格？如何培养人的道德观？这些都包含在道德情商里面。

道德情商的中心内容是道德观，体现一个人的道德水平的高低。我们可以从下面几个方面去理解道德智商。第一个方面是善良。总是为别人着想，即使别人对自己造成损害，也要想着自己给别人造成的麻烦。第二个方面是行为规范。对于自己是合理的，别人也能接受的行为，也要考虑对人是否有损害，或从社会角度看是否合理，积极使自己的行为是社会规范的行为。第三个方面是良知。世事总有个理由，不可能是平白无故的，只站在一个角度去看，只从个人的角度去看，未免太狭隘；姿态高一点，胸量大一点，就能解释复杂的社会，就能理解各种复杂的关系。第四方面是思索与追求。人越大，越来越多的东西需要自己去面对，怎样面对现实，是每个人必须处理的，人生的意义是什么？人生的价值有多大？等等也必须要弄清。总之，思索生命的意义实在是重要的。第五个方面是品格。做人最重要的是品格，品格好才是一个好人，善良是好品格第一要素，有最高的学问，如果品格不良，不但害人，还会害己。这些方面概括出一个人的道德水平，充分展现一个人的道德观，而道德观会影响人在社会中所处的层次，道德水准又可分中下几类，用社会的标准去衡量，就很容易得出结果。

道德智商对人的道德影响很大。MQ 高者，就能与人为善、遵守法纪、理解社会、努力追求、品格高尚，给人的印象是良好的，在社会中做人处事比较潇洒，问心无愧，烦恼较少，并且目标较专一，办事公正，很容易得到信任，成功率高。MQ 低者，往往心中邪念多、不守本分、思想狭隘、进取心弱、品质不好，给人的印象是不良的，在社会上做人处事比较小气，畏首畏尾，常有内疚感，并且言行不一，很容易引起别人的厌恶，虽然或者做成几件小事，但大事定是成不了的。一个人的道德水平如何，大家是有目共睹的，想隐瞒也隐瞒不了的，因此，提高自己的道德智商，对培养一个人的美德是非常重要的。美德是人的内在美的一个方面。人如果缺少了美德，人的美是大打折扣的。美德的一个中心内容就是善，善的东西一般地说都是美的。善和心灵美都具有阶级性和时代性，不同阶级、不同时代，其内容是不同的。人在社会中有许多种关系，这些关系可以折射出一个人的心灵善与恶、美与丑、净与脏。心灵美的人对国家对别人都表现出一种崇高行为，体现一个人的美德。

青少年要重视提升自己的道德智商，培养自己的美德。

道德智商并不是天生下来就确定了的，因为一个人的道德

也是在成长的过程中形成的，所以道德智商完全可以通过

后天的努力得到提高，道德智商提高了，无疑对培养美德

是有好处的。道德智商包含的内容同人的本身、同社会的

生活相融，突出了人与社会相互作用的特点，对启发青少

年追求高尚品格，追求完美的人生很有意义。其实，提高

自己的道德水准，也是青少年的一个必须完成的任务。大

家在学校里的一切生活，除了学文化知识，也进行思想教

育，也进行道德情操的教育，这是符合培养新一代接班人

的要求的。

道德情商与美德，是两个不同但相关的概念，大家充

分理解了，对塑造人自身的美是极有好处的。

知耻而后勇

无论什么样的人，只要获得众人的评价是"不要脸

的"，那么这个人的品行就不必再进行优劣的评价了，而古训云：知耻者勇。"知耻者"与"不要脸的"是两种对立的人类，所以可以说"不要脸的耻"。

知耻才能立人，知耻才能自强。越王勾践曾遭受亡国之耻，他知耻，令臣子每日在金殿前扇自己的耳光，喝问："你忘了会稽之耻么？"他则连忙回答："未敢忘。"还卧薪尝胆，一定要雪耻，终于灭了吴，成了有为之君。如果勾践不知耻，人民会永远称他为亡国之君，那时真是体脸尽失，或许人们也会称之为"不要脸的"，也是不过分吧？但勾践知耻，有为，是勇者，使人钦佩。有个历史人物叫周处，当他知道乡亲们称他为危害乡亲的"三害"之一时，他不知把脸面往何处放，最后准备以一死洗雪自己的过错，但被劝阻住。之后，他决心以行动报国报民，毅然投军杀敌。为国立功，终成青史留名的英雄人物。周处如果不知耻，死不要脸，继续与乡亲村民为敌，他留下的不是英雄之名，而是祸国殃民之害了。中学阶段正是塑造自我的时期，也要知耻，也就是知道什么是不光彩的。从青少年的角度去要求，每个人肯定会有些不光彩的东西，如成绩不好是耻，违反规定是耻，但都不要紧，勾践、周处给大家做了榜样。

国有国耻，人有身耻。耻是永远存在的东西，也是既成事实的东西，虽然这样，但只要不忘，只要有雪耻之志，坏事会变成好事。可恨的是，有些可耻之事，在一些人心中却不以为耻，比如：有人鼓吹"读书无用论"，认为读书多了赚钱少了，所以现在有许多人不想读书，很多高级中学都被迫改为初级中学。平时在各处都见有许多童工，问他们为什么不读书，竟理直气壮地说："读初中毕业也行了吧，读这么多书有什么用？许多老板都是没有什么文化的呀。"真是叫人哭笑不得，这些人根本不知道文化水平低是种耻辱，根本不知道鼠目寸光是种耻辱。连什么叫耻辱也不知，就难怪这些人了。然而有些人却以耻为荣，更莫说要有雪耻之心了。吸烟、酗酒、游逛、穿奇装异服是一些人的生活特点，他们不但不以为耻而且到处张扬，把气氛搞得乱糟糟的，在公共场合"独树一帜"，称"自由人"。这些人其实满身耻辱，他们会为耻辱所淹没。国耻是外敌强加的，身耻是自产自销的；国耻不雪，国民无以自立，身耻不自除，自己就没了立身之本。所以国耻要雪，身耻要除，必须要知耻，社会要淘汰"不要脸的"，这样国人才会变得有魅力。当然有知耻之心的人是很多的，只是不知耻的人也不少，故而在此有必要提出问题来，让大家作些自我检查。

说到底知耻者就是顾及自己脸面的人，这些人知道什么叫美丑，"不要脸的"把美丑混淆，或者是没有了美丑观。前者当属正常，后者当然是危险了。现在有些中学生流行早恋，一对小情人，卿卿我我，俨然是难解难分的样子，他们不知道，这其实是丑事，因为他们还未到谈情说爱的时候。对这些人老师会说："又不见你提早一些做好预习功课。"同学会说："看他们小两口，等不及了。"家长会说："专想不三不四的东西。"他们自己听了，还有脸面对老师、同学、家长吗？还是知耻为好。立即清醒头脑，及早改变自己，自己还是"有头有面"的。

对任何人来说，丑事都是耻辱，我们要做知耻者，做个勇敢的人。

论貌美

美貌对于一个人来说当然是十分重要的，它是造物主凭自己的喜好送给某一个人的珍贵礼物，并不是谁想得到它就能得到的，用金钱也不会买到它的，所以我们是不必强求美貌的。

当然，有美貌的人是值得庆幸、值得骄傲的，因为这是造物主对你的偏爱。不过美貌并不代表什么，它只是自然生态的一种，虽然它很诱人，但搞得不好，会弄巧反拙的。不是有人因为有一张漂亮的脸蛋而惨遭毁容吗？因此，有美貌者同时也有危险，请当心。

　　自古以来，美都是一个莫名其妙的概念，人们对它争论不休，并总希望在自己身上找到美，也很爱慕别人身上的美。说实在的，如今美已成为人们特别重要的渴求对象。心理学最新研究结果表明，还在幼年时期，当大人格外关注那些讨人喜欢的小孩时，美的优势已经存在。在学校，这种优势有特殊的作用：作为老师总是不由自主地赞扬模样可人、伶俐聪明的学生，而同学也千方百计地讨好他（她）们。在社会上，不论男女都可以借助自己的美貌得到比别人更多的便宜，更容易实现自己的愿望。物质文明越高的地方更看重美的东西，当然包括美貌。与之相反，那些自认为其貌不扬的人总是感到自己从小就被歧视、低人一等，一些研究结果也表明：托儿所和幼儿园里的较丑的小孩受到的教育和照顾是比较少的。社会上，外貌粗陋的人得到的责怪往往是多于一般人，丑陋的女性更是如此。

　　一些心理学家认为美貌会增强自信心，提高奢望值，给人的感觉也是积极向上的，一些长相丑陋的少年，甚至连血压也比别人高，在学习时也常感力不从心。

通过研究，人们不得不承认，在人的整个生命过程，美所隐藏着的魔力始终在影响着人们，特别是物质文明比较发达的今天，人们要求更高，不但对日常使用的东西要求具有实用性，还要求有完美性，比如：商品款式、包装、形象往往对人们选购商品产生非常大的影响。而人们对外貌的要求也越来越高，如：文眉、整形等手术已日益风行，化妆品市场有更多的人光顾，这些现象都证明美貌对人的吸引力是越来越大了。

美貌是不能强求的，所以不必在它面前花太多的精力，并且人的美不单靠美貌，虽然美貌在起重要作用。特别是中学生，千万不要在这方面做太多的讲究，要使自己变得可爱除了必要的修饰之外，不必像社会青年一样化妆，否则只会使人反胃。中学生一切都是在发展变化的，身体的发育都是不够完全的，而气质、品德等方面也处形成阶段，现阶段美丽可爱不等于以后也美丽可爱，太过计较美貌必

然会对自己的学习产生不良影响，对自己高贵气质、良好品德的形成产生消极作用，最终也会影响自己的形象。只要积极向上，努力学习，积极锻炼，就能使自己越来越美。

美貌是天生而成的，美德是培养而成的，美人是别人赋予的。有美貌并不等于是美人，所以，我们要德才貌兼备，才可以成为一个合格的接班人。

谈谈教养

平时，我们常听说，谁很有教养、谁没有教养，就知道教养是个同人的品性有关的词。其实，教养应该是指一个人的文化素质和文化品格。现在学校的教育也朝这个方面努力，力求培养出一个有教养的人。

在人类即将进入 21 世纪的时候，人类文明的危机也越来越严重了。这种危机的一个突出的表现就是：人的物质生活与精神生活失衡。在世界各个地区，似乎发现一个共同的倾向：重物质，轻精神；重经济，轻文化。发达的国家已实现了经济现代化，人们的物质生活比较富裕，但是人们的精神生活却越来越空虚了，与之相联系的社会问题越来越严重了，如吸毒、犯罪、艾滋病、环境污染、信奉邪教等现象日益严重。不久前就曾有报道，一邪教摩尼教教徒在迎接宇宙之神过程中集体"升天堂"，他们认为地球的末日就要到了，只有"升天堂"才能从苦难中解脱。他们当中有许多是高学历者，也有许多是电脑高手。可他们为什么这么愚昧呢？归根到底是由西方文化教养日薄西山，造成人们精神空虚所致。发展中国家把现代化作为自己的目标，正在致力于科技振兴和经济振兴，人们重视技术、经济、贸易、利润、金钱，而不重视文化、道德、审美，不重视人的精神生活。总之，无论是发达国家还是发展中国家，都面临着一种危机：物质的、技术的、功利的追求在社会生活中占据了统治地位，而精神生活和精神追求被忽视、被挤压。针对这样的现实，我们要全体行动起来，拯救人的精神，加强人类文化教养的建设，为世界更美好

寻找一条出路。

在我国，许多人也犯同样的错误，不重视文化素质与文化品格问题，也就是文化教养问题。其实，文化教养会影响到一个社会的治乱兴衰，塑造好一个民族的文化品格和文化精神对整个民族的兴旺发达会生久远的影响。睁眼看看，就可以知道社会上的许多弊病都是由于人们缺乏教养而引起的。社会上出现"唯金钱论"已经开始蔓延，似乎什么东西都得同金钱拉上关系。有报载：一个垂危的病人被送到急诊室但由于缺少必需的医疗费用，只能眼睁睁地看着他死在急诊室的病床上。人们在医院的挡眼处也常常看到这样的标记：红包，家属不应送，不能送。这不是在教人送红包吗？医院是救死扶伤的地方，可是充满了铜臭，而医生都不是大老粗呀，看病还要收红包，实在是太离谱了，这是社会文化教养衰落的一种表现。也有人由于文化教养差做出伤天害理的事情。《南方日报》载：广州某医学院生化研究室副主任、讲师樊可同，"毒"迷心窍，竟然参与制造冰毒的犯罪活动，葬送了自己一生的前程。他之所以这样，不是因为他没有文化知识，只是其文化品格太低，眼中只有一个"钱"字，一"钱"障目，良知尽失，这是多么深刻的教训呀！有人分析这件事给我们的启示是加强思想品德的教育很重要。这说得对，但还忽视了一点，就是文化教养问题，人连起码的文化教养都没有，怎能把其所学用到正道上呢？因此，我们现在搞社会主义现代化建设，率先要提高全民族的文化素质和文化品格，现代化建设才能成功。

联系到我们中学生的实际，应该具备怎样的文化教养呢？有的学生成绩很好，但嫉妒心强，自私小气，不关心集体，不尊敬老师，对面叫老师，背后骂老师，这些人是缺乏教养的，不是一名合格的中学生。作为学生无论在家在校，都要向英雄人物学习，尊敬师长，除了学好文化课之外，还要助人为乐，严于律己，宽以待人，使自己从小就具有教养的人。

有教养的人才能显得美，我们要努力追求呀！

幽默的语言美

幽默是现实生活中的一种难得的东西，特别是当社会进入激烈竞争的时代，人的思维像一根绷紧的弦，难得有些许松弛。所以有很多人觉得活得沉重、活得劳累，连学生也觉得"白饭好吃书难读"，整天泡在书堆里，提起上学就发愁，如果在这个时候，来点幽默当然是十分美好的。比如，你经过努力总是赢不了别人，你可以幽自己一默：从我数起我就是第一了。这有助于缓解精神的紧张，更有精神干好以后的工作。

幽默是语言美的一种表现。生活中许多火爆爆的话语，只要幽默一点说，语言效果当然是不一样的。我国现代著名作家赵树理在文革时受到残酷迫害，但是他总是保持幽默的性格。有一次，有个造反派想把公家的盆花据为己有，但又不知道那盆花好不好，就问赵树理，赵树理说："这就不好说了，我说是香花，你们必定说是毒草，我要说是毒草呢，你们就认为是香花。"赵树理用自己的幽默把颠倒黑白者嘲笑了，又把自己心中的不平吐露出来，如果赵树理不是这样说，而把意思直说了，得到的对待或许是不堪设想的。赵树理到生命的最后日子，身心受到严重的摧残，他去医院看病，医生看着他的病历本，吃惊地问："你就是大名鼎鼎的作家赵树理?"赵树理苦笑一下说："这个时候，谁还敢冒名顶替呢?"一句幽默的回答，说尽心中的辛酸，对黑暗年代的诅咒也达到了最大强度。那个时候，赵树理是不可以申诉的，所以他只能这样，他这样的语言实在机智，美在智慧，美在平常中包含不平常的意义。他幽默地说，比狠狠地骂，语气虽然温柔多了，但语言的力量却强大得多。这是语言美的最高表现。

幽默是和谐生活的一部分，生活中如果缺少了幽默，生活会缺少了点美好的东西。古希腊哲学家苏格拉底的妻子性情暴躁，一次朝苏格拉底发了一通大火后，余怒未息，苏格拉底为了表示退让，走下楼去，他的妻子在楼上兜头一盆凉水泼下去，苏格拉底像个落汤鸡，他没有发火，只是说："我早料到雷声过后就是倾盆大雨了。"一句幽默的话给自己、也给妻子找到了台阶，缓和了气氛。如果苏格拉底不这样，而是针锋相对，后果当然是不言而喻的了。生活的和谐是靠人自己创造的，有破有立是客观存在的，如果人人都站在破坏的角度去处理生活中的问题，吃亏的当然是自己了。

生活是很复杂的，面对生活，用幽默的态度对它，体现一个人豁达、乐观、机智。在社会、家庭、学校，多些幽默话语总能给生活增添许多趣味。现代社会虽然竞争激烈，但生活并不总是充满火药味，协调、和谐、达观仍是人类社会健康地生存的主流。不过，往往有些人面对生活不够幽默，要么破口大骂，要么大打出手，认为不大骂不解恨，不出手解决不了问题。其实，这样于事是无补的。比如：别人不小心跟你撞上了，如果你用敌视的口气对人，

恐怕一场大战难以避免，如果你说："我们两个真有缘呀！"一句话会化解心中的不满，也足可以令对方不好意思。生活中的小摩擦总是不断发生的，这种幽默的态度完全可以帮你很好地解决问题，并能显现你的风度。

幽默是一种美，多些幽默好！

一段故事引发的思考

有名骑车上学的中学生，在街上不小心碰了一下正在支着拐杖走路的老人，连说："Sorry! Sorry!"老人怒发冲冠，大声喝道："撞了人还叫'爽哩'！看我打死你。"正要举起拐杖打下去，突然有人说："'爽哩'就是'对不起'的意思，你就别发火吧！"老人一听，脸色就平和下来："这样说还差不多。"指着中学生说："以后骑车要小心啦！"这样的事听起来令人发笑，或许有哪一个真有过这样的经历呢。

这位中学生差点就受拐杖之痛了，原因是"他撞了人

还叫爽哩"，老人不明白"爽哩"的意思。本来中学生错误在先，道歉在后，已经认识了自己的行为对别人造成损害，应该得到谅解，可是就是一句"Sorry"带来了麻烦。由于中学生学英文，老师教大家说礼貌语言，这句话成了冲口而出的道歉话，但是中学生用错了对象。这其实是关系到一个语言美的问题。虽然中学生能诚心地知道自己太不小心了，但他不能准确地把这个意思传递给老人，致使老人得到一个错误的信息。中学生在运用语言的时候就犯了一个表达不清的错误，不能用语言准确表达自己的感情。由此，我们可以得到一个教训，就是在说话时要准确明了，不能使人觉得你说得模棱两可，否则会造成误会。

老人后来的态度的转变，我们也可从语言美另一个角度去理解其中的原因。中学生的语言本来是礼貌的语言，只不过是用英文说罢了，可是在老人听来却是不礼貌的语言，十分刺耳。于是引起冲突，后来才知道是误会，可见礼貌的语言是多么重要，它是能化干戈为玉帛的。俗语有话"良言一句三冬暖",大概也是指说话要言之有礼吧。因此,我们在日常生活中,语言注意讲文明、讲礼貌是十分重要的。文明礼貌的语言也是语言美的一个基本的要求。礼貌的语言不仅仅是一个礼貌的问题,还反映出一个人的道德修养有多高。如果你对长辈不识得说尊敬的话,长辈一定会认为你太狂妄;如果你对同事不说尊重的话,同事会说你不可一世;如果你对晚辈没有好言语,只会增加别人对你不尊重。在这样的时候,你说你的道德修养高,大概不会有人同意吧。

看来,即使是一句十分平常的话,也不能说得随便,要力求说得美一点。

尊严说

"孙天帅罢跪事件"曾有过详细报道:说某一外资企业老板无理罚跪,全车间所有工人都跪下了,唯孙天帅倔强地立着,最后被解雇。报道一出,舆论哗然,有的说老板

竟敢如此，有的说孙天帅是好样的，有的说那些工人太没骨气了，有的说不跪不行呀，孙天帅不是被解雇了吗？

　　似乎都有道理，而深入分析下去，还有一个价值取向的问题。在生活、金钱面前，应该持怎样的态度呢？无独有偶。在北京某动画片厂，厂是日本人开的，有一次要拍摄一部赞扬东洋武夫在中国的经历，要求那几位在中国名牌大学毕业的美术设计者设计出武夫手举东洋刀，威风凛凛地杀一个中国人的形象。这几位大学生坚决不从，要求修改，厂方不从，相持不下，厂方最后下令，要么服从，要么另寻高就，最后几位大学生毅然辞职，以示抗议。这几位大学生同孙天帅一样面对有损人格、国格的外国老板，敢于抗争，连饭碗丢了也在所不惜，这是值得赞扬的。站在老板方面，对你能掣肘的是工资、金钱，在你自己方面影响你的观点的是人格、思想，当这两者发生冲突之时，你要有损人格、有损民族尊严的臭钱，还是要铁骨铮铮、光彩照人的高尚人格、民族尊严呢？就看你的价值取向如何。孙天帅立得直、站得稳，他得到的是全民族的支持，几位大学生辞得及时、辞得英勇，辞出了中华民族的不屈的骨气。

不过，尽管我们一直在说人格、国格，尊严无价，但现实生活中，在金钱、权力面前奴颜卑膝者却比比皆是，并不以为耻，反以为荣。真可恨不少人的世界观、人生观、价值观倾斜、扭曲到这般地步。中国有句"不为五斗米折腰"的话，是对有骨气者的赞扬，现在要找这些人恐怕是难了点，但"孙天帅"们为我们做了一个榜样。

不管怎么说，作为中国人，作为接班人的当代中国中学生，总应该要有骨气、人格和尊严的，特别是国格，一定要维护。出卖人格和尊严，背叛民族自尊和国格，无论怎么说，是富不了国，强不了民的，最终只能更为外国人瞧不起，遭到外国人更加肆无忌惮的"罚跪"，解雇。因此，我们在赞扬"孙天帅们"的同时，也要帮助一些正在失去骨气、人格和尊严的人重新找回无价的又不应该失去

的东西。要让他们挺起胸膛，直面现实，直面金钱，直面洋人，直面世界，真正成为拥有健全人格，健全国格和尊严的人。

跪，以膝部着地；站，以脚板踏地。立比跪稳、实、强。民族要自强，国家要自立，必须靠接班的中国人去实现。可能也会有些人总是觉得跪在权势、金钱面前比在恶劣环境中拼搏舒服、安稳，可是人世间比权势、金钱珍贵得多的东西会同时失去的。千百万个"孙天帅"站出来，祖国就会更有希望，因为这样，洋人想罚我们跪，将是有此贼心而无此贼胆了。

青少年们，中学生们，大家一起来弘扬热爱国格和民族尊严的优良传统吧。

做人与爱美

爱美之心人皆有之，爱美也是人的天性。虽然这样，并不是每个人都能够得到美的。因为美并不是自愿地降临到某一个人身上，只有懂得怎样做人，才可能从人生中获得美的乐趣。

学会做人是人生的关键，为人之道得靠每一个人追求探索一生。英国莎士比亚说过："人的一生是短暂的，但如果是卑劣的一生，就太长了。"这话道出了人生的价值。人不但为自己而生，也为别人而生，如果像古今中外的伟人一样，把自己的一生献给人民，这个人的一生是伟大的一生，是美丽的一生。可是现实生活中很多的人都是以"我"为中心，把自己的快乐建立在别人的痛苦之上；一事当前，先替自己打算，再考虑别人；生活上总是追求享受，不求进取。这些人只求感官上某些满足，是不可能获得真正的美的，更莫说为人类创造美了。为人之道有一定的准则，多从别人利益出发，多设身处地地想问题，多考虑自己的不足，多把自己的东西放到最后，就能达到完美，因为这样，做起事来更加公正、尽心、真诚，能把事情考虑得更周全，更适合于大家。再进一步说下去，美是人类在改造世界的实践中创造的，你心中根本没有改造社会的理想，哪来改造社会、创造美的生活的结果呢？人是社会活动的主体，个个为自己，又怎能创造出体现集体力量之美的感人形象呢？所以，每个人为了世界更美好，要建立健康美好的人生观，一生为之奋斗。

一个人身上的美往往是从他身上的高尚情操中表现出来的。如果一个人连做人的基本道德都没有，还谈得上美吗？一个人如果空有外表美，而没有内在的美，他的形象也不会高大起来，只有具有高尚情操的人才能放射出夺目的光辉。雷锋一生为人民，做了无数好事，所以，雷锋的形象永远活在我们心中。虽然身穿军装的雷锋其貌不扬，但他内心的美丽是永远诱人的。张海迪，高位截瘫，是一位特等残疾人，但她不向命运低头，自强不息，认为任何生命都是有意义的，人们在她身上，没有看到她的残缺的身体，只看到她不屈不挠的精神。这种精神具有无比的魅力，激励着无数的青年。不过也有一些人道德情操低下，追求不健康的生活方式，讲说粗俗人生的好处，把人间的高尚置之脑后。这样的人不会做人，没有资格同美打交道，他们的一生永远是灰暗色的。

美不仅同道德相关，同人格、智慧也是密切相连的。孟子云："富贵不能淫，贫贱不能移，威武不能屈。"这是提倡人格美，人做到高官厚禄引诱不了，贫穷困苦折磨不了，武力强暴威胁不了，这样的人的人格是美的。追求荣华富贵，不甘过艰苦生活的是大有人在的，所以有的人在富贵的引诱下成了俘虏；也有些人经受不住生活的大风大浪，沉沦了；还有的人在强权面前不能坚持真理，丧失了斗争的勇气。这样的人的人格与孟子提倡的人格是相对立的。人格之美靠自己去创造，在生活中你创造不出美的人格，就会失去了许多更美的东西。而智慧可以创造美，无知只能扼杀美。具有智慧的人，处处会闪烁出美的火花，世界上一切发明创造不是使我们的世界更美丽吗？中国的四大发明、发明大王爱迪生的一千多项发明、爱因斯坦的

相对论等等对改造世界发挥了无可估量的作用，这是智慧的力量，只有智慧才使世界变得这么多姿多彩。所以，我们要不断追求智慧，把世界建设得更美。否则，无知会给世界抹黑，会造成美丑不分的现象。哥白尼提出天体理论，无知的教会竟对他进行迫害，好在正义必胜、真理再现，否则，宇宙研究之门将永远不能打开了。

美与人分不开，爱美与做人互相关联。懂得了美，懂得了怎样获得美、创造美，对人生来说是莫大的幸事。

姿态美

大多数的少男少女都喜欢看电视吧，不知大家有没有留意到其中的几则食品广告。一则是薯片广告：让一位富态的老爷子和小孙子一起亮相，小孙子给爷爷尝了一片薯片，结果这位老爷爷吃完之后，馋性大作，趁孙子不注意一把抢过孙子的薯片盒，大吃起来。另一则是方便面广告：香港艺员王一山亮相，桌面放着一杯热气腾腾的方便面，一山看见，眼睛一亮，端起就吃，连说"好吃！好吃！"由于吃得急，一些面条在口角黏着，一些面条在嘴下吊着。这样的广告在电视上还可以找出许多则。

爷爷抢走孙子手中的零食，并吃得津津有味，似乎是不可思议的，世界上哪里会有这样的爷爷？况且薯片又不是什么山珍海味，有那么大的吸引力？而方便面谁都享用过，可广告模特吃起来，却是一副狼狈相。真有这么好吃？在众目睽睽之下那副尊容，很是使人倒胃口的。我们看了这样的广告，就自然会想起"馋鬼"这个词，广告里的模特，尽是"馋鬼"，一点也不美，怎能引起观众的同感呢？俗语说：王婆卖瓜，自卖自夸。广告片情节夸张一点是可以理解的，但是不能夸得过了火。在电视这种普及率极高、形象感极强的媒体上，如果单想以"出位"去引起观众的注意，恐怕也是产品促销的手段和认识上的一个误区。何不把广告里模特的吃相演得高雅优美点呢？我想，用模特的吃相美去感染观众的方法，比用模特的口感美、显出

"馋鬼"样子的方法高明得多。

我们生活在社会中，一颦一笑都会有人看见，姿态优美当然能够引来别人赞美的目光，姿态丑陋一定会引起别人的厌恶。单说吃相，有的人在家里习惯于把身子靠紧餐桌的边沿，并以餐桌承受了自己一部分重量，只用一只手夹菜，另一只手也不端碗，吃的时候弓着腰，把嘴贴到桌面的碗上，长头发也差点同饭菜混合了。这样的吃相在家里可能会见惯不怪，但如果在大众场合，可能就会引来一些非议。虽然我们不提倡吃饭用古人那种离桌两尺、正襟危坐的样子去要求每个人的吃样，但最起码的坐正、端碗，一口一口地吃，也是应该的吧。如果任何场合都还保留在家里的坏习惯，有一天碰到一张不很牢固的饭桌，就很容易来一个桌底朝天，共同"快乐"（筷落）了。在这个时候，或许你才知道吃相美的重要吧！

我国人民很重视姿态美，要求走有走相，坐有坐态。姿态美，给人是一种庄重、不可侵犯的感觉，令人肃然起敬。美人之美也包括姿态美，如果一举手一投足都有如诗如画的韵律美和形象美，就会使她锦上添花，增添无限的魅力。姿态美在一定的场合能表现强大的力量。读过初中课文《挥手之间》一课的人都印象深刻：毛泽东登上飞机，准备到重庆与蒋介石谈判时，只见他举起帽子，微笑着对着送别的人群，用力一挥。毛泽东挥手的动作在他是随便的，是同大家暂时告别，但他的姿态很美，能把毛泽东的信心和胆识表现出来。因为国民党假谈判、真反共的面目毛泽东是明白的，但他就是要用自己的行动去粉碎国民党反动派的阴谋。所以，他这样的一个挥手动作，是一个伟人的全部信心和力量的写照。当然姿态美并不是装出来的，它其实是一个人内心真实的反映之一，一个粗陋的人永远也不会有姿态美，一个高尚伟大的人，行止坐卧都会有无限的魅力，时时处处发出美的光芒。

吃东西与姿态美，或许在一些人看来并没有什么联系。但细小的动作也可以反映一个人的内在的东西，所以，我

们要从细小做起，虽然是吃相，也不能等闲视之。

我们的大自然之家

当我们发现大自然的美丽时，总是觉得大自然是那样美好和谐。可是，随着世界人口的增长和工业文明的日益发展，人们对自然资源的过分占有及不适当的利用，破坏了大自然的和谐，也给人类带来了灾难。

人类对于大自然的破坏无处不在。工业、农业、人类生活对大自然都会造成破坏。比如：工业污染、不合理开垦、生活垃圾都直接地影响了自然环境，使人类生活的环境越来越恶化了。自然同人的关系是对立统一的，自然环境对人的生存意义重大，人类对自然环境的利用也必须要符合真善美的规律。

自然环境具有人类所必需的水资源、土地资源、森林资源、海洋资源、矿产资源和草地资源，其丰富珍贵、奇丽美妙难以尽述，可以说大自然包括了真善美的品格，直接影响到人类的生活思想，同人类密不可分。正因为这样，我们要同自然建立良好关系。具体做法可以从下列三个方面去着眼。首先，要保持大自然的"真"。自然界存在的规律是不以人的意志为转移的，人们只能认识它、遵循它、利用它，不能违背它。如果人们为了眼前的利益而不顾自然的实际，必定会遭到大自然的惩罚。黄土高原，中华民族的发祥地，也曾是植被丰厚、地肥水美的富庶之地，但千百年来的战争、垦伐及无休无止的开采，使那里的自然环境遭受极严重的破坏，使黄河的含沙量增加，对黄河下游的影响很大，对人类的生活极为不利，这便是一个明证。其次，要维护好大自然同人类需要的平衡关系，发挥大自然"善"的作用。人是万物的灵长，人类应当以主人公的姿态来对待周围的一切，应从符合人类目的需要出发来维持同周围环境的平衡关系，使大自然有效地服务于人类，使人类的生活更加充实。最后，要努力追求大自然的"美"。人类在利用自然、改造自然时，必定要符合人类审

美的特点和自然美的独特个性，才能使之与人的关系保持和谐。中国的万里长城，当初是御敌之用，现在成了审美对象，成了中华民族的象征。这是人们追求自然美的结果，反映出自然美同劳动实践的关系是客观的，不是随意的。

　　近年来，国际上把保护自然环境作为一项重要的工程来抓，各国把植树造林、保护地面生态平衡当作基本建设，获得了不少成效。人们按照自然环境的发展规律，努力采取各项措施，恢复自然生态，表现了一种积极的态度。在我国，在植树造林方面和绿化地面植被等方面取得了显著成效。单是 1993 年，我国参加义务植树的人次达到 5 亿，植树 24 亿株。鉴于人口不断增长、环境不断恶化的情况，世界各国把维护现有环境、创造更佳环境的问题视为人类生存的大问题，自然环境优化的问题引起了各国政府的重视。我国在这方面也做了许多工作，取得了一定成绩。这是一种好现象，值得庆贺。展望未来，人类肯定会有一个更优化的环境。

说实在的，改善、优化自然环境不是一个人的事，也不是某一个国家的事，而是全人类的事，并且不是一代人就能完成得了的，还需靠世纪代代人的不懈努力。保护自然环境，优化自然环境，是件永远也不能结束的事业，只要有人类存在，有人类生存，就必须在这方面做出努力。因此，我们要行动起来，为保护自然出一份力。

大自然是我们的家，我们一定要爱惜它、保护它、美化它。这样，我们的家才可能温暖平和，我们的生活才能更美好！

整合篇

美学史话（中国篇）

自有文字的历史以来，人们对美的探索从来没有停止过，古今中外的先哲们的著作关于美的著作浩如烟海，留给了我们丰富的美学遗产，他们的美学思想是我们现在研究美、发展美的基础。

中国人关于美的研究应追溯到公元前六世纪春秋末期。这时期的著名思想家老子，是我国古典美学理论的奠基者之一。老子在他的《道德经》中以批判的态度观察社会，他认为真正的艺术是自然"道"的创造，真正的审美就是对"道"的体验与观照，文明社会中人们追求的感官上的享乐不可放肆疯狂。他朴素地认识到美与丑是相对而言的，这在中国美学史上，是应用辩证法的观点观察美丑问题的开始。比老子稍后的孔子也是中国美学理论极为重要的奠基者，孔子的美学思想在其弟子编的《论语》中体现出来。孔子提倡仁义道德，主张中庸之道，对审美、艺术和社会政治风俗之间的内在联系有着深刻的洞察，认为审美观影响社会风尚，艺术可反映社会生活本身并对社会生活起积极作用。

战国时期的思想家、教育家、美学家孟子，其美学直接继承孔子的美学而来，但又具有自己的特色，特别是对个体人格美的认识和高扬，是一个极为重要的方面。孟子从人性的观点出发，强调个人人格的伟大力量，赞美不向邪恶势力低头、历经磨难也坚强不屈的人格，为儒家美学，开创了一个新局面，对于后世文人道德修养影响很大。比孟子稍晚一点的庄子，其哲学很少抽象的思辨、枯燥的说教，而是充满了美与智慧。同老子一样，庄子也将"道"视为天地万物的本体，认为"道"是客观存在的，是最高的绝对的美。庄子继续和发展了老子美丑相对的思想，指出美与丑不仅是相对的，而且在本质上是没有差别的，可以互相转化。以老庄为代表的道家，用超越社会功利的眼

光去把握艺术和审美，最接近艺术和审美的本质。

先秦诸子百家争鸣时期是我国思想史上第一个解放时期，先秦诸子百家为中国美学史创造了第一黄金时代。历史车轮不断向前，发展到魏晋南北朝时期，这个时期社会秩序大解放、旧礼教崩溃、思想和信仰自由。于是出现了中国美学史第二个黄金时代。当时的人们从汉代儒教统治下的礼法中解脱出来，人的个性之美、自我价值得到了极大的张扬和肯定，在艺术和审美领域知识分子向内发现了人物美，向外发现了自然美，形成了"魏晋风度"。由南朝刘义庆编成的《世说新语》，以大量具体生动的材料，反映了魏晋时代文人雅士的审美情趣和审美风尚。《世说新语》所体现出来的魏晋风度以及当时的美学、文艺思想对中国古典美学和古典艺术的发展，都产生了极为深远的影响。继《世说新语》之后，由南朝刘勰创作的《文心雕龙》也是一部具有丰富美学内容的著作，其对文艺理论的系统性和深刻性值得称道。

自魏晋时期以后，书画并行发展，诞生了我国最早的书画美学，其美学思想既体现在实践方面，又体现在艺术理论方面。当时的绘画开始时以人物画为主，不但注重刻画外形美，还注重对人物内在风韵的传达，即表现人物的"神"。东晋大画家顾恺之结合实践在画论中提出"传神写照"的命题，就充分体现了这一点。他这样的美学思想对后来的美学思想和艺术创作都产生了极为深远的影响。由于纵情山水成为当时魏晋名士的一种风尚，于是山水画也继人物画悄然兴起。隋唐时期，人物画高度繁荣，山水画得到进一步发展，尤其是青绿山水画盛极一时，其中李思训、李昭道父子的成就十分突出。但由于青绿山水画并不很符合以老庄思想为主导的中国艺术精神，更有自然之趣的水墨山水画也渐渐兴起。水墨山水画经过隋唐五代的酝酿、发展，到了宋代，技巧臻于成熟，达到了它的最高峰，并取代了人物画、青绿山水画，占了我国传统绘画的主流地位。山水画的繁荣也带动了书法的发展，从晋王羲之父子到唐代柳公权、颜真卿、张旭，书法家们力求做到尽善尽美，使书法成为一门表达内心情感的艺术活动。

到了明清，中国艺术在崇古的大势中不时激起一阵阵高昂清新的音调，出现了许多风格鲜明的地方画派和杰出

的艺术家，众所周知的石涛、八大山人、郑板桥，就是这些画派中活跃的人物。

中国是一个诗的国度，诗歌创作非常发达，它发端于《诗经》，发展于汉"乐府诗"，成熟鼎盛于唐宋。诗歌的创作，丰富了中国诗歌美学思想。唐代三大诗人李白、杜甫、白居易，不但在诗歌实践方面有突出表现，在诗论探索领域也很有建树。中国古典小说的发展，也为中国小说美学的发展提供了理论基础。中国古典小说经历了古代神话传说、魏晋南北朝的志怪志人小说、唐代传奇、宋代话本小说等发展阶段，在宋代以后有了很大发展，元明清间出现《水浒传》《三国演义》《西游记》《红楼梦》等小说，人们开始认识到小说在文学上的价值，并开始把小说作为一种审美创造活动来进行理论上的研究和探讨，出现了小说美学，其主要形式是：小说序跋、笔记和小说评点。明清小说评点较多，金圣叹和脂砚斋在这方面做得最出色。金圣叹对《水浒传》的评点体现出来的美学思想，标志着中国小说美学正式建立；脂砚斋对《红楼梦》的评点，发展了金圣叹关于典型人物典型性格的思想，丰富了中国小说美

学的思想宝库。

中国封建社会发展到明代中期，经济领域明显出现了资本主义萌芽，与之相应就有了一股与儒学相左、主张个性解放、带有近代人文主义色彩的启蒙思潮，李贽就是其代表。李贽公开反对儒家，在美学上提出童心说，体现当时市民阶层的追求与情绪，对后世影响很大。比他稍后的汤显祖，世称"公安派"的袁宗道、袁宏道、袁中道三兄弟深受李贽美学思想影响，分别提出唯情说、性灵说，表达人们追求个性解放的思想，成了当时美学上的异端，很引人注目，也为中国古典美学注进了新的生机和活力。

中国古典美学在明末清初进入了自己的总结时期，作为这一时期的标志的是王夫之的美学体系和叶燮的美学体系。王夫之美学体系是以诗歌审美意象为中心的，认为诗既不是实事的记录，也不是情意的直露，而是要创造出审美意象，这才突现了诗的主体，诗歌美才能体现出来。王夫之也明确地将美归于客体，从本质上认为美是一种寓矛盾、变化、发展于同一、均衡、和谐之中的客观事物。叶燮美学体系的主要观点体现在他所著的诗论《原诗》当中，

他认为美是客观的、自然的，并且是运动的，美同丑是对立的，又是可以转化的；也认为美的形式是多样的，内容是丰富的，不能脱离艺术的本源，与之相统一。王叶的美学思想是有很多相似的地方的，正因为这样，这两位美学家经过自己的努力探索，取得了世人瞩目的成就，把中国古典美学的发展推上了一个灿烂的高峰，做了个完美的总结。

王叶以后直至清末，尤其在鸦片战争后，中国大门被迫向西方打开，中国美学与西方美学有了最初的接触，王国维就是试图把西方美学融合到中国美学中的杰出人物。王国维在实践中融合西方美学，力图改造中国美学，有很多独到见解。他认为艺术美是高于生活美，认为艺术的最高境界是悲剧，并在其重要美学著作《人间词话》中提出"境界说"。王国维美学是中国古典美学与近代现代美学的分水岭。

美学史话（外国篇）

说到西方美学，必然要溯本求源到古代希腊。

古希腊美学中最早的开拓者应数毕达哥拉斯。其学派以和谐为核心的美学思想，成为西方美学史上对美的第一次呼唤。比毕达哥拉斯稍晚的赫拉克利特和德谟克利特也是古希腊早期的美学开拓者。赫拉克利特以其自发辩证法思想为哲学基础，在美学领域有重大建树。他肯定美在和谐，还把这种美学思想向前推进一步，认为和谐只是美的一种特征和表现，事物之间和事物内部的对立面的斗争，才是一切事物的和谐与美的根源。德谟克利特的美学思想的哲学基础是原子唯物论体系。他十分强调人的灵魂的完美，也不否认人外在的身体美。他肯定人本身有两种美，即灵魂智慧的美和外表身体的美，这是西方美学史上以人为对象的对美的第一次分类。生于公元前468年的苏格拉底，是古希腊三大哲人的第一位，他和后来的柏拉图、亚里士多德一起共同奠定了西方文化的哲学基础。苏格拉底是一个实践家，他不在闲情中静观美，而是力求在实践中探求美的真谛。他从两个角度为美下过定义，其中之一就是美即有用的事物，另一个定义是美即正义的行为。由于他将美与事物的功用的发挥联系起来，故而又得出美是相

对的这一结论。苏格拉底的弟子柏拉图继承和发展了他的美学思想，提出理念论，认为美可分许多类别和等级，其类别与等级由低到高排列是形体美、心灵美、行为制度美、智慧美、美本身（绝对的美）；柏拉图在艺术上又提出灵感说。柏拉图的弟子亚里士多德批判地吸收柏拉图的美学思想又从哲学本体论的高度揭示出美的本质和特征。他反对柏拉图的美的理念的说法，认为美不能脱离具体的、现实事物而独立存在，美应该是事物的属性，存在于事物的本性之中，并把美的形式归结为事物的整一性。艺术上他反对柏拉图的灵感说，认为：艺术创作是理性的、真实的行为。被称为"最后一个伟大的希腊思想家"的普洛丁，是新柏拉图派的创始人和领袖，是一位站在时代交界线上的哲学家和美学家。他深受柏拉图、亚里士多德影响，他们的美学思想可以说是一脉相承的。他把亚里士多德的整一概念作为美的根源，认为美有等级之分，依由低到高的次序分别是事物美、心灵美、神之美。艺术方面，他十分强调艺术创作中的灵感和想象的作用，带有浓厚的非理性主义色彩。

欧洲中世纪是"神"统治的时期，神学美学的奠基人是北非的圣·奥古斯丁。他把新柏拉图主义与基督教教义结合起来，认为美的根源是上帝，创立了以本体意识、创造意识、象征意识、静观意识、回归意识为核心的新的美学概念。比圣·奥古斯丁晚900年的圣·托马斯·阿奎那是意大利一个显赫贵族家庭的儿子，他被称为中世纪最伟大的神学家。他对美的思维是神学的一个组成部分，他对美的本质的认识基本上重复奥古斯丁的整一性、和谐适当和色泽鲜明的观点，但有一点却有根本改变，就是美是感官直接感受到的，不再是神秘的缥缈的。

度过漫长的中世纪，欧州踏进新时代——文艺复兴时期，欧洲美学跨进了一个新时代，但丁、达·芬奇、米开朗基罗和拉斐尔等在美学领域都做出了重大贡献。

近代西方美学以全新的姿态出现，各有作为的美学家都为近代西方美学的发展作出了重大贡献。

英国的夏夫兹博里在英国r思想界第一次提出了"内在感官学"说，以古典主义方式肯定了美的社会性和行动性，认为美善是统一的；在美的来源问题上，认为美在形式。

爱尔兰的博克著有《论崇高与美两种观点的起源》一书，第一个把崇高与美作为两种互相独立的审美范畴来研究，是第一个系统研究崇高的美学家，他对美与崇高的客观性质及生理、心理基础所做的理论分析是富有独创性和启发意义的。法国哲学家卢梭，有自己独特的审美世界。他的理想是返璞归真，他的审美观是自然的审美观，以大自然作为美的根源，他把美分为道德的美和感性的美，并视道德美为一种理想美。

1750年，德国的哲学家和美学家鲍姆加通发表了《美学》第一卷，这标志着美学作为一门新科学正式诞生了，美学史一般都把这一年作为美学这门科学正式建立的起始。在《美学》中，与鲍姆加通开宗明义地指出：美学作为自由艺术的理论、低级认识论、美的思维艺术和类理性的艺术是感性认识的科学。同鲍姆加通同时代的德国著名艺术史家、艺术美学家和考古学家温克尔曼以及德国伟大的启蒙主义者、文学史上进行变革的开路先锋莱辛也在他们的著作中提出了一些很有价值的美学思想，对德国文学的发展、对德国古典美学的诞生起了巨大的推动作用。德国古典美学的奠基人康德在其著作中提出了许多极为深刻的美学思想，认为审美的特点是无利害感，审美所得到的快感不同于感官上的快感和道德上的快感，认为审美判断是主观的、没有目的的、没有概念的，但又存在的、合目的的、必然的。康德对崇高、对艺术与艺术创造的论述也有很多创见和发现，表明他的美学思想是博大精深的。德国还有两个著名的美学家，他们就是歌德和席勒。他们在共建德国文学中合作得很出色，其美学思想也互有影响。歌德认为自然是艺术创作的源泉，是艺术创作的起点和终结，又视艺术为自然美的缩影。席勒认为美是居于感性与理性之上的第三种"中间状态"的产物，人们在审美的时候，能够摆脱任何外在力量的限制，成为完全自由自主的人。

时代进入 19 世纪，西方的审美意识已经发生了根本的改变，西方世界发生了普遍的精神危机。生于普鲁士的尼采就生活在这个时代。开始时他深受叔本华美学思想的影响，用象征概念来说明艺术的起源、本质、功用乃至人生意义的问题。后来他开始否定叔本华，开始走向自我，为现代西方思潮提供了一个清晰可辨的起点，现代西方很多

的主要美学流派都从他那里获得了思想起点或重要启发。

心理漫谈——民族审美

在审美活动中，每个人都有自己特有的审美情趣，但总括地说，人们在审美情趣上往往会表现出一致性，特别是相同民族往往具有一致的审美心理。不过，由于审美心理的形成因素是复杂的，因此个人审美情趣存在着差异，不同的民族审美心理也有较大的不同。

民族审美心理与民族生存的地理环境关系很大。有关地理环境的差异所造成的文化上的审美的差异，早在《诗经》已有所表达，《诗经》中的《风》就是反映出不同地域的人的审美品格的差别。其他史书如《左传》《史记》的记载也很明确。地理环境造成的文化差异，在中国文化史上最为明显的可算是南北差异。北人生活于平原、山地、高原中居多，南人生活在丘陵水乡居多，其文化上就形成了一个是开朗高亢豪爽的特点，一个是谨慎细致敏感的特点。表现在文学作品中，北方作家诗人的作品的直露壮美风格与南方作家诗人的作品的细腻秀美的风格形成鲜明的对比。就大范围看，东方与西方的审美心理差别也很大，东方以中国为例，中国人的审美心理是以追求一种和谐感为目的，天人合一，阴阳平衡，刚柔相济等都体现这一点；西方人也讲和谐，古希腊毕达哥拉斯学派从数学角度出发，认为和谐同数字、秩序、比例有关。

民族的审美心理与生存方式存在着千丝万缕的关系。各民族的衣食住同本民族所在的地理环境有必然的联系，而其民族审美心理的形成同衣食住有极大关联。中华民族主要是农业民族，其服饰特点讲求实际，不求奢华。在服饰上的审美心理总体地说是以清淡平易为主，中国古代是以袍服为主，袍服宽大，可塑性较大，穿在人们身上，神采各异。袍服体现了中国人娴静、泰然、柔和的风格。西方以欧洲为例。欧洲人以西服为主，西服衣领开展，只有两粒扣子，给人一种舒展大方的感觉，西服还包括领带领结，两者搭配，更见变化多端。西服体现了欧洲人那种追求变化的个性。中华民族有句老话"民以食为天"，所以中国人是很重视"食"的。中国人食讲求色香味形俱全，其艺术特质及以和为美的特点由此可见一斑。西方人的西餐，刀叉碗碟，清楚玲珑，熏肉、牛奶、三明治等，变化不多，体现了西人随便放纵的特点。中国人所住的房屋的结构讲求与自然环境相融；四面有窗，屋内房间相通，以中厅为中，各为对称建造，体现了中国建筑美的标准是对称、平衡以及突出集体的特点。西方人住的房屋倾向于与自然隔绝，房间独立，单个结构明显，体现在大建筑物上如金字塔、教堂等都是孤立的实体，现在中国人在建房时喜欢模仿西式，各个单间很独立，也正体现西式房的特点。西方人这种建筑特点突出了他们那种以自我为中心的风格。

民族审美心理与宗教的关系也很密切。世界上有几大宗教，如：佛教、伊斯兰教、基督教等。佛教对东方人影响较大，伊斯兰教对阿拉伯世界影响较大，基督教对西方影响较大。宗教是人类精神活动的一种，是一种独特的文化现象，对人类的精神生活和审美生活产生深远影响，不同宗教信仰的民族，其审美心理一定会打上宗教烙印，对其审美心理的形成影响重大。单从民族文学方面去分析，不同宗教信仰的民族具有明显的差异。汉民族是深受佛教

影响的民族，其文学作品着重体现人们内心的情感，重视
内心对生活的体验，带着一种超脱。阿拉伯民族是信奉伊
斯兰教的，其文学作品注重直感，在形式上篇幅不长，体
裁变化不大，审美情趣上表现出自然直率真诚的风格。西
方民族都与基督教有关，其文学作品火药味极浓，充满血
腥味，描写圣战、复仇题材的作品比比皆是，主题总是歌
颂那些为民族为国家利益而具有自我牺牲精神的人物，悲
剧色彩浓厚，崇高感很强，反映出西方民族的审美心理特
征是高昂激越、壮美强劲。

民族审美心理与民族精神同属民族文化心理，只不过
前者是较浅较显的层次，后者是较深较隐的层次。西方民
族其源头在古希腊，希腊民族总是透着海的气息，因此崇
利尚力就成了其民族文化的一种特色。希腊民族的生存发
展自古以来同海洋关系密切：海洋的广阔浩大锻炼了其民
族的抱负；海洋的凶险多变造就其民族的勇气胆量；航海
的生活造成其接触其他民族文明的机会，拓展了其民族的
视野，开阔了其民族的胸怀；海洋的神秘，吸引其民族的
目光刺激了其欲望；总之，同海洋有关的一切，无不同力

量同利益拉上了关系，其民族审美心理是在这样的背景下形成，其民族精神也体现其中。反映在文学作品中，如荷马史诗中的《伊利亚特》描写了海洋生活的凶险，鲜明地体现古希腊民族的审美心理和民族精神，其他西方民族的文学作品也有很多类似的题材。中华民族是一个内陆民族，其文明发源是黄河、长江、淮河三大水系的中下游，古称中原地带，民族生存条件与求生手段与西方民族是有很大的不同的，主要是靠实实在在的耕种，祈求风调雨顺，相对海洋民族来说风险似乎是小了点，所以他们不与天地作对，虽然也经历了很大的天灾人祸，但他们团结起来，靠自己的智慧征服自然，改造自然，创造了灿烂的华夏文化。由于自然的力量，使中华民族养成了吃苦耐劳的品性，形成了与天地亲和的文化心理，造就了敦厚的性格，凡事以和为贵，和气生财。这些审美心理正是中华民族精神内核。中华民族的古文化中，写景抒情的诗文俯拾皆是，山水画成了艺术主流，这些都融进了民族精神，体现中华民族审美心理的特点。

另外，民族审美心理与民族民俗风情，如节日、礼俗、禁忌、礼仪等相关，与民族艺术如戏剧、诗歌、绘画、雕刻等无不拉上关系。这些民俗风情以及民族艺术对民族审美心理产生或多或少的影响，这里不再讲述了。

详述人体美

人类是万物之灵，有了人才有美产生，人是世界上最美的事物。

对于人体美，中国人与外国人的审美标准有较大的不同。中国人强调德容并重，灵与肉结合，外国人特别是西方非常重视人体比例，人体各个部分都有一定的系数，如：胸围、腰围、臀围都有严格的标准，如有不符，便算不美。

其实，人体美包括许多方面，如：形体美、姿态美、内在美、服饰美等。

先说形体美。一般地说，中外都一样，比较重视女子形体美的研究。说到人的形体，必然要联系到容貌、躯体、四肢、发肤等几方面。我们平常所说一个女子的容貌怎样，一般是指脸蛋如何。当一女子的脸的各个部分都和谐匀称

才可算是一张美丽的脸。眼睛与眉毛配合，眼睛要求曲线优美、黑白分明、晶莹光亮、位置适中，眉毛如月，淡而不稀，与眼睛相得益彰。口与齿互为衬映，唇的曲线要细要显，厚薄适中，嘴的宽度不宜太小，当然也不要太大，最理想的是眼睛的 1.5 倍左右。嘴唇的颜色宜鲜红色润，其大小介于小鼻翼宽度的 1 倍到 2 倍之间算是标准唇形。牙齿细、白、齐，与红唇美嘴配合，能给人增加无限魅力。耳朵越丰满越美，要有适量的脂肪与厚度，颜色以白里透红者佳。鼻子是起稳定面部格局的作用，不论从哪一角度看，鼻梁挺拔俊秀，鼻不露孔，其长度是脸长的 1/3，鼻尖高为鼻长的 1/3，这样的鼻子算是美丽。面颊为脸部之主，肤质细腻，色泽红润，就能把五官托得更突出，面颊忌粗糙、干燥、苍白，最好是两腮处有酒窝，这可以增加脸部的动感，美上加美。

人的躯体可从颈背、胸腹、腰臀三个部分来看。女子的颈项要求色白、丰满、修长，不宜黑，不宜瘦，不宜短；背要圆白丰腴、光滑而富有弹性，才达到要求，忌扁平弯曲。胸主要是指乳房，位置宜高不宜低，形状宜挺不宜瘪，要坚挺，要丰满，不显得枯萎，不显得臃肿；腹要求光滑而圆浑，稍微突出，肚脐位置适中，居全身正中，脐以大而深为美。女人的腰很迷人，它有承上启下的作用。腰是一身之枢纽，腰细而有肉，就能有蜿蜒施展之妙，就能突出胸部，这才算美腰；美臀其轮廓应明显隆起，成为柔软的波状形，其美在于丰满、圆滑、细腻、白皙和富有弹性。

人的四肢与发肤同容貌躯体相配合，就能完全地表现整体美。女子的手臂之美在于修长柔软。臂要成圆筒形，并要丰满，肤色洁白，肤质细嫩；手掌肉要厚且软，富有弹性，不露骨，不显青筋，手指指根粗，越向指尖越细，长度适中，尖端圆滑纤细，并带有肉感。女子的腿从形看，大体是圆锥形，并且丰盈柔滑，洁白如玉，腿围不超标，就算美腿；脚要美，也有讲究，长为身高的1/7，脚趾排列整齐有致，脚掌厚薄适中，脚踝光洁无纹，这就达到美的要求。女子头发以稠密、光滑、乌亮为美，皮肤以色艳、质软、丰润、柔滑为美。

再说人的姿态美。姿态美是指人体在空间运动、变化的样式美。美的姿态千姿百态，但可概括为壮美的姿态和

优美的姿态两种。壮美的姿态的特点是庄严、威武、刚强、有力、豪放，优美姿态的特点是柔和、文雅、活泼、可爱。一般说来，壮美姿态对男性而言，优美姿态是对女性而言。要做出壮美的姿态，一般要求线条要直，身体各部分要协调对称；要做出优美的姿态，一般要求身体和四肢的姿态要多变，运用不对称的原则造出多姿的形象。

三说内在美。人的内在美指心灵美、气质美和性格美。心灵美必须具备两个因素：美德和才能。心灵美的核心是善，美的东西一定是善的，古今中外的许多哲学家都把美同善看作是同一样东西。说确切一点，心灵美是有时代性和阶级性的，时代不同、阶级不同，道德观就出现差异，并且有时还出现相对立的情况。比如封建社会与社会主义社会、资产阶级同无产阶级，评价善恶的标准当然是不同的，甚至是完全对立的。心灵美的具体表现，体现在与国家的关系上，具有爱国精神、民族意识，体现在与人际关系中，具有大公无私、乐于助人、待人以诚的胸怀，体现在与朋友的交往中，表现出互助、互尊、互敬的行动。美德不是心灵美的全部内容，但没有美德，就没有心灵美，而除美德外，才能也是心灵美的一个重要方面。才能可以帮助人建立先进的世界观，使人性更丰富。有些美的行为单靠美德是不能实现的，必须靠才能的帮助，搞科研为人民这种理想要实现，没有才能当然只是纸上谈兵。气质是指人稳定的心理特点，气质无道德上的善恶之分，却有美丑之别。气质有多种类型，每一种气质都有不同的审美价值。气质一般可以通过敏感性、主动性、反应速度、可塑性、情感斜度、情感兴奋度等几个方面影响性格。性格美范围较广，包括了心灵美和气质美。一般划分为壮美性格和秀美性格、喜剧性格和悲剧性格等。壮美的特点是强大，壮美性格最有激情，能引人积极向上；秀美的特点是娇柔，秀美性格能引人向善，唤起人们的喜悦之情；喜剧性格的特点是引人发笑，让人在笑声中得到教益；悲剧性格的特点是引人沉思、面对现实、多作思考，寻求解决办法。

四说服饰美。俗话说"三分容颜七分妆"，说出了服饰对人的美起很大的作用。服饰美的原则有六条：和谐、比例、均衡、节奏、重点、色调。

和谐一般表现在五个方面，就是线与形的和谐，体积

大小的和谐，质地的和谐，色彩上的和谐，观念上的和谐。比例一般用黄金分割率做标准，即整体与较大部分之比等于较大部分与较少部分之比。服饰上的均衡一般包括两个方面，一是上下均衡，一是左右均衡。这些还要同人体有机结合才能体现均衡造成的美的效果。节奏是一种运动形式，体现在服饰上是衣服给人的动感。重点是为了突出，引起注意，显出主次。色调讲够调配，调配得好，能增加美感，色调可据人、据时、据条件、据环境做不同的搭配。服饰美这些原则在具体运用时不能轻率，违反了往往就失去本来应有的审美价值。

活动欣赏概论

欣赏活动主要包括文学、美术、音乐、影视等的欣赏。通过欣赏，我们可从中得到审美快感，我们的性情也可以得到陶冶，成为一个情操高尚的人。

生产劳动创造了世界，也创造了人本身，文学起源于生产劳动，反映生产劳动，因为文学是人类社会实践的产物。文学在反映客观世界过程中，带有强烈的感情色彩，注进作家的审美感受，通过形象、语言、情节塑造出真实的艺术形象，具有很高的审美价值。在欣赏中，读者以体验和想象为主要心理活动形式，用自己的生活体验、思想感情和审美观念去进行艺术思维。读者的思想水平愈高、生活经验愈丰富、艺术接受能力和理解力愈强，就能愈透彻地了解作品的思想意义和艺术价值，从中得到思想启发和艺术享受。优秀的文学作品应该是真善美高度的有机统一，读者可以在欣赏中深受感动，并使自己兴趣、爱好、道德情操受到洗礼，以至于影响整过人生。

文学欣赏主要是对小说、诗歌、散文、戏剧等文学体裁的欣赏。小说是指以语言为媒介，以虚构为本质，显现作者对客观世界的独特感受的文学体裁，它包括环境、人物、情节、主题等要素。小说一直以来都是默默无闻的，西方直到 19 世纪中期才独立出来，中国到 20 世纪初才成为文坛正宗。小说的情节是传统小说和小说理论的核心概念之一，情节是小说重要的一环，情节并非一种，习惯上把它们划分为戏剧性情节和非戏剧性情节，以人物为中心的

小说，戏剧性情节较突出，情节安排是为了塑造人物；意识流小说一般是非戏剧性情节，情节是以意识流动为序。欣赏小说时，要注意作者对情节安排的匠心，这样才会有收获，获得美的享受。小说的人物往往就是小说的灵魂，有正面人物、反面人物，有主要人物、次要人物，人物也带有时代特点，欣赏小说人物可以感受时代的脉搏。小说的修辞与语言上的修辞有所不同，概念内容更丰富，小说的时空安排，如顺、逆、倒、插、错乱、淡化等，有其丰富的内容；小说叙述的特点，如人称、描写、语言等有其特定的含义，我们在欣赏时要注意看出其中最具特点的一面，发现其美，从中得到欣赏价值。

诗歌是美文学，它同小说一样是来于生活，又高于生活，很有欣赏价值。诗是抒情的艺术，抒情是诗歌的"本职"，其美学价值是在抒情中产生。诗歌的美学形态表现在形象美、意境美、语言美三个方面，诗歌的艺术手法有很多，主要包括比喻、通感、象征、映衬等，通过这些手法，诗人会把生活抒情化，给人一种美的享受。

散文是一种常见的文学体裁，按表现手段分，可分为抒情散文、叙事散文、议论散文。不论是哪一种散文，我们都要注意对其主题、构思的把握，注意对其作者及环境的研究，把自己的艺术感受同散文的特点联系起来，只有这样才能发现散文中真正有价值的东西。戏剧是一种综合舞台艺术，集文学、艺术于一身，欣赏戏剧除了用文学的审美眼光去分析外，还应注意舞台的布景及演员的技巧，从中发现美的东西，使自己在欣赏中得到愉悦。

美术是艺术中一个独特的部类，同文学、音乐、电影、舞蹈等有共性。美术的种类主要包括雕塑、绘画、建筑艺术等。中国美术同西方美术又各有不同，使美术世界精彩纷呈。

中国美术按年代可划分为几个时期。先秦时期的美术可以追溯到远古时代，旧石器时代的山顶洞人对色彩的审美感受已经产生，到新石器时代对线条的审美感受得到充分发展，这些主要反映在古代的陶器造型中，陶器中的几何纹饰很具有审美意义，大汶口文化的陶猪、三足器也很有代表性，中国的美术源流就从此开创出来，以后的青铜工艺是以此为先导的。青铜器纹饰，表现出一种原始、天

真、拙朴的美，这些美都体现在饕餮符号、鼎的造型装饰上面。秦汉时期的艺术有了发展，表现出一种运动的力量、古拙的气势。阿房宫、骊山陵寝、兵马俑、万里长城等体现了秦朝的艺术风格，表现出一种气吞山河的力量。汉代艺术风格主要体现在一些帛画中以及祠堂、墓室等建筑上，表现神话历史现实交织的内容，不重视细致雕琢，注意用动感古拙的形式表现人们的精神风貌。魏晋南北朝时期，宗教美术是美术的主要方面，以贵族生活为描写对象的世俗美术随宗教美术的发展而发展，现实性、宗教性结合的特点很明显。隋唐时期是我国古代文化发展最灿烂的时期。隋代的美术，有着明显的由南北朝向唐朝过渡的痕迹，唐代美术中仍以宗教美术为主要部分，世俗的美术以贵族的美术为主，绘画中的青绿山水画之后，又出现泼墨山水画，开创了我国山水画的先河。宋元的美术，由于继承了唐五代的风气，正宗美术脱离宗教羁绊，而得到独立的发展。绘画的卷轴形式在宋代大大流行起来，这些卷轴画中有一部分是由屏风及纨扇的装饰演变而来的。山水画其山水意境美丽，妙不可言，人物风俗画充满诗意，其中 12 世纪画家张择端的《清明上河图》是代表作之一。元代的绘画艺术，"文人画"占据了统治地位，其中山水画显得最为突出，花鸟画在此时期也处于转变和发展之中，人物画不如山水花鸟画发展显著。明清时期的美术在宋元的基础上进一步发展，画家们重视画面笔墨效果，强调气韵神采，追求风流蕴藉，仙山人物，很具特色，都具有一种浪漫色彩。

西方美术发端于古希腊，其风格优美健康，充满活力，但中世纪的黑暗曾使西方美术抹上一层灰暗的色彩。历史翻到了文艺复兴这一页时，西方古典文化才又获新生，美术也进入了繁荣时期。此时，人们精神解放，崇尚理性，画家们在作品里总是表现这样的主题，绘画、雕塑以人为本，塑造各异的姿态，展示人们的审美情趣。到了近代，出现学院派、印象派，这些画家们用自己的才智使美术世界变得更加丰富多彩。

音乐同其他姐妹艺术有千丝万缕的关系，但它与其他都不相同，是一种最抽象的艺术。一切声音都可以作为音乐的材料，因此音乐无处不在。音乐的主要材料是不同的节奏和音色，音高、节奏和音色是构成音乐的基本因素。

在音乐的表现手法中，除了基本因素之外，还有力度、和声的变化。音乐从不同的角度可分为：民间音乐和创作音乐、古典音乐和现代音乐、标题音乐和无标题音乐、严肃音乐和轻音乐等类别。音乐也像文学一样有题材和体裁，音乐家在创作时用不同的体裁去表现不同的题材，达到教育人的目的。在日常生活中人们接触最多的应该是歌曲，其次是舞曲，这些"曲"在现代人中已成了人们生活的一部分，如果没有歌曲和舞曲，人类的生活将会成为一潭死水。音乐是由耳朵和心灵去欣赏的，不论是严肃音乐还是流行音乐，我们都会从中得到美的陶冶，生活情趣变得更高尚。

影视艺术对于整个艺术家族来说，当然是小字辈，但它是后起之秀，已成了人们生活的一部分。电影的前驱是皮影戏与幻灯，后来人们根据比利时科学家普拉托的原理应用到摄影上，才发明了电影。电视艺术只有五十多年历史，电视虽然比电影出现得晚，但其原理的发明比电影早。由于电影、电视的出现，影视艺术应运而生。影视艺术是一种综合艺术，有自己独特的影视语言和构成方式、表现手法。影视的创作集文学、戏剧于一身，也形成各种风格和流派，使影视世界变得多姿多彩。

欣赏活动涉及我们生活各个领域，大家只要用心去欣赏各种艺术，一定从中得到许多美好的东西。

浅谈自然美

人类产生以后，并从动物中分离出来，有了抽象思维能力，有了语言，能够制造工具，与动物有了本质区别，在这个时候，自然美才产生。人们是在劳动中发现自然美的，因此，劳动是自然美产生的决定因素；宗教在自然美产生过程中起很大作用，因而宗教与自然美的产生有密切关系。

从自然美产生以后，人们就对自然美的本质做了长时间的探索，直到现在也没有停止过。纵观历史，对美的本质的认识概括起来有三种看法：一种是认为自然美是因为自然本身的特点形成的，美在自然本身；一种是认为自然美完全是由人的主观感受决定的，美在人心；一种是认为

自然美是由人（主体）和自然美（客体）二者之间的关系决定的，是二者结合的产物，是主观与客观、心灵与事物的统一和契合。一般认为，第三种认识比较合理。

人们在与自然的接触中，发现了它的美，并从中得到愉悦，还得到力量，它有自然的特征。我们之所以认为自然也美，是因为人的意趣、情感与审美理想切合于自然物的一些属性，如：色彩、声音、线条、形状、质料等。没有了自然物这些属性，也即形式，自然就永远谈不上美。因此，自然美的首要特征是重于形式。世间的自然物千千万万，其结构形式有个共同点，就是相对稳定，不以人的意志为转移。虽然构成自然美的诸要素中，有些是可以通过人工的努力，尤其是现代生物、生态的科学成就，恢复其自然性，但完全复原，却是十分困难的，有的还根本无法复原。自然的不可复制性，反映出任何事物都有其存在和发展的规律，而作为自然物的规律，它首先是保持自然的生态平衡，有其健全完整的自然生态系统，自然美的属性，才可能保存下来。故此，自然性就成了自然美的另一个特征。自然美还有一个特征，就是它的时空性。自然美在一定的空间存在着，发展着，变化着，它对于其他的美的形态来说是比较独特的。自然美的空间主体性使人们对其有主体的丰富的感受，在欣赏过程中，也容易得到确切的审美感受。自然美的时间变化性，决定了其丰富多彩、变化无穷，更有层次、更具美感。

人们对自然产生美感，使自然美感不可避免地带上了社会色彩。自然美感的社会色彩有下面三个特征：民族性、阶级性、时代性。世界已有许多民族，民族不同，人的主观意识就有所不同，每个民族就都有自己的意识特点和生存环境，因而美感就带上鲜明的民族特色。一个阶级内部往往具有共同的思想意识，这种思想意识往往与另一个阶级的思想意识有很大的差别，因为各阶级的思想意识不同，在欣赏自然美时，美感就带上了鲜明的阶级色彩。虽然与社会美、艺术美相比，自然美感中的时代特色相对是比较弱的，但时代变了，自然美感肯定会发生变化，以前认为是美的东西，到了另一个时代，就不是美的，这样的情况比比皆是。所以自然美感是有时代性的。

自然美是存在于自然之中，而自然界万事万物都可以

进入人的审美范围之中，大致地说，自然在人的审美活动中可分为山川、花草树木、天象、动物等四大类型。山川之美，本身就包括了自然美的大部分类型，其美有时在于它们的自然形态，有时在于它们的人文景观。花草树木之美主要体现在形体美、颜色美，有时还可以象征地表现人的某些情感、品格之美上。天象之美，主要体现在具体特征上，如日光、雪白、月圆、风和、天青等等，而其变化也给人带来美感。动物的美主要体现在其花纹（色彩）、神态、动作上面，其中也包括人的美。人是万物之灵，是自然的杰作，人的美从自然方面看也可从肤色、形体、动作等方面表现出来。

自然美从不同的角度划分，也可以划分出各种形态。如从存在方式来分可以划分为经过劳动加工的自然美和未经加工的天然自然美；从风格角度分，又可分为壮美型的自然美和秀美型的自然美。经过劳动加工的自然美是人们按美的规律创造出来的，是人们按照千百万年来在劳动实践中，从千变万化的社会美、自然美、艺术美里发现、整理、归纳出的"形式规律"，如平衡、对称、整齐、和谐、层次、变化统一、间离效应、黄金分割、虚实结合、动静相生等加工的，很典型，反映某种审美理想。未经劳动加工的天然自然美则是大自然无意识的杰作，有时并不完全符合美的规律，有时甚至是杂乱无章、荒诞奇特的，并不很典型，但它更接近艺术，更诱人。而所谓壮美，就是阳刚之美。雄伟美，指的是那些形态高大宽阔、速度快捷、声音洪亮的自然美。壮美型的自然美给人以惊心动魄或心胸开阔之感。壮美型的自然美按其给人的审美感受，又可分为奇险型和壮丽型两种。前者使人先感到惊惧，后意识到它是审美对象时，产生自豪感，唤起自己的崇高感和自信心；后者使人心胸开阔、由衷惊叹，给人以高阔、壮丽的美感。秀美型的自然美则是指那些清新、自然、优美的自然美，也就是人们常说的阴柔之美、秀婉美、优美等，其表现特征是外形小巧，处于静止状态，即使是运动也不太快、力量小、数量不多、声音柔和、色彩明丽等。

　　大自然与人类共存，有了人才有大自然之美的产生，那么大自然之美在人的生活中有哪些价值呢？首先是其观赏价值。大自然之所以美是重于形式的，自然中一些事物

的形式结构符合美的形式法则，越是奇美的大自然，就越能使人对其形象留下印象与印记，给人以审美的愉悦。而人被自然美的形象所吸引，又经过对比联想等心理活动，使人与自然达到情景交融的境界。其次是艺术价值。一处美丽的风景，必然会引起诗人、画家的关注，自然美便成了他们的创作素材，成为艺术的对象。自然是丰富多彩的，也给艺术的审美意向以丰富多彩，使同一自然景象，显出其多层次的方面，表现出各种美，反映到文学艺术中来，文学艺术就变得层次分明、丰富多彩，使人们从自然美中得到艺术享受。自然美还有教育价值，看到祖国山河的美丽，可以激起人们的爱国主义热情；自然美比艺术美更能打动人心，使人在不知不觉的欣赏中得到熏陶，受到教育，使人的情趣更高雅、情操更高尚。

漫话行为美

广义的行为美，是指一切能反映心灵世界美的外部表现，包括人的相貌、体形、姿态、语言、气质、风度、行为、服装修饰等因素，它们通过语言美、气质美、行为美、交往美四个方面综合反映出一个人的内心世界，体现一个人美还是丑，所以行为美是心灵美的语言，是心灵美的窗口。只要我们平时做到美化自己的语言，美化自己的气质，美化自己的行为，美化自己的交往，就可以成为一个很美的人。

语言是人类交际的手段，是人类思维的工具，是人表达思想和感情的重要手段。语言美是指一个人在说话或写文章的时候，在内容和形式上有理有据，体现出时代道德的风范和令人愉快的精神风貌。故此，我们说话时就要有理有据。"理"一般是指事物发展要求合乎其变化规律，言之有理，就是说话、写文章要从事物发展变化的规律及本质上去说明事物；"据"是根据，是说话内容的证据，持之有据，就是说话、写文章有充分的依据。当然，这些理、据还需有情在牵线才能发挥出其强大的作用，所以在说话、写文章时也必须言之有情，忌干巴巴，毫无表情。还要言之有礼，做到讲文明、讲礼貌、待人谦逊。语言中包含了各种各样的美，语言在形式和内容上符合一定的规范，并符合一定的文化习惯，才能使语言达到艺术的境界；还要讲逻辑，做到概念准确，判断正确，推理严密，论证充分，否则就会漏洞百出，前后矛盾，不能说明问题，失去严谨、周密的特点。说话、写文章时讲究幽默机智和风趣生动，也会增加语言的力量，达到更好地交流的目的。在诗词作品中或播音工作中，语言的韵律也有特别讲究，韵律掌握得好，语言就有吸引力，就会产生强大的感染力。总之语言美对于一个人来说，是行为文明的起码准则；对整个社会来说，则是社会文明的外部标志。我们要讲究语言美。

气质有着丰富的内容，它既是一种灵魂和精神，又借助特定的外形表现出来。日常生活中所说的气质与心理学上的气质是有些不同的，前者范围已扩大了许多。美好的气质，包括精神素质和外在气质，我们应该注意培养。气质是人的容貌、体魄、言谈、举止、姿态、作风给人留下的综合印象，是人在交际中体现的一种美，它是人体外形美和心灵美的综合反映。从内容上看，气质是由言谈、仪表、姿态、服饰等因素构成；从形式上看，气质的表现却是千姿百态，无一雷同的。谈吐优雅的姿态美、文明大方的仪表美、富于个性的服饰美，是体现气质美的各个方面，这些也能体现出一个人的文化修养和性格特点。我们追求美的气质与风度时，既要重视内在美的修养与培养，更要注意外在气质的形成与显现，使自己的气质变得真正是美的。

所谓行为，是指人和客观世界接触时作用于客观对象的活动。行为美的客观标准是因不同时代、不同阶级、不同国家、不同民族而有差异。当然，我们的标准同资产阶级、剥削阶级的观点是相反的，认为凡是对人民有利，有助于历史前进的行为都是美的行为。这种美的行为，既表现为一种崇高的行为，也表现为一种平凡之中见伟大的平凡行为。英雄行为是一种超越出平凡行为的崇高行为，它的价值突出表现在它具有明显的社会历史价值和审美价值，它是对人民作出巨大贡献的行为，对历史的前进起了一定作用的行为。当今青少年要自觉地进行崇高行为的培养，要把国家利益、集体利益放在个人利益之上，要把他人的利益放在自己的利益之先，要努力学习科学文化知识，做一名合格的中学生。崇高的行为，是行为美的"至善""至

美"，而平凡的行为，也能体现出一个人的崇高境界。但是平凡的行为，要变成为美的行为，是有条件的，并不是任何一种平凡的行为都是美的行为。真的行为是指符合社会发展规律，符合人类固有特点的行为，真的行为是美的行为。用"真"的标准来判断一个人行为美不美，最根本的就是要看他对人、对事的态度如何，只要能全心全意地投入自己的工作，能真心诚意地对待他人、对待身外之物，他的行为就是真的、就是美的。善的行为是美的行为，崇高的行为是从日常生活中一点一滴的平凡的善行中积累而成的。青少年在日常生活中既要自觉进行崇高境界的培养，又不能忽视平凡行为中美的部分，力求在自己身上体现真善美。美的行为大体表现为团结友爱、遵纪守法、勤劳踏实等方面。青少年平时要谦虚，因为谦虚行为是团结的基础，还要乐于助人，因为乐于助人是友爱的力量；青少年还要做到在校遵守纪律，在社会遵守法律，做个好公民；青少年也要勤奋好学，脚踏实地，不要得过且过，好高骛远，要打好知识基础，才能肩负起建设祖国的重任。

人类许多生活程序都是靠"交际"这一手段来运行和

完成的。如果人与人之间失去了交际，人类生活将会变成一潭死水。交际美包括交际行为美、交际品德美、交际技巧美几个方面，交际行为美从身体语言的美和彼此交往的语言美两方面得到体现。交往中为了表达感情除了用声音外，有时也可用面部表情、点头、手势等动作，这些就叫身体语言。身体语言美就更能透露出一个人的真情，更好地展现人的性格、心理和思想，并且也可以体现出民族、文化的差异，在交际中具有不可估量的作用。人与人之间彼此的交往是必然的，彼此交往的语言美，能使对方容易接受，达到交际完美的目的。交际的品德美同心灵美相联得很紧。以诚待人、以信待人是我国自古以来人际交往中的重要品质，在改革开放。信息交流频繁的今天，这些品质不仅没有被淘汰，相反却是人们交往获得成功的重要法宝。在日常生活中碰到难办的事情，可以用淡泊名利、谦逊大度的态度对待，这样能节约更多的时间和精力，也会赢得更多的朋友。热心助人、与人为善不仅是广交朋友的要素，而且是一条包涵德行美的处世原则，多做好事，善于帮助别人，是青少年交际品德美的一个极重要方面，坚

持正义、主持公道就是做人、做事应该符合道德的规范。这就要求我们平时敢于支持、拥护正确的、合理的事情，敢于反对、驳斥错误的、荒谬的、不合理的东西，显示出一个人坚持真理、秉公办事、决不趋炎附势的交际特点。人际交往是一个复杂的、变化的、发展的过程，因此交际中应讲究技巧。总的说，交际技巧美就是要求我们灵活、机智地处理各种新情况、新问题。具体表现在：审时度势、抓住机遇，看准对象、分别对待，抓住特点、攻心为主。在不同的形势下，运用自己的机敏与聪慧做好临场发挥，就会不失时机，达到预期目的；跟不同的人交往，要多方面综合分析，运用适用于各人的交际手段可以增加交往的有效性和成功率；针对交往对象，多从心理方面着眼，可以使对方接受自己的观点。当然，交际的技巧是可以通过学习取得，我们应注意在生活中积累。

综上所述，行为美体现在我们生活各个方面，我们应该以"美"为准则，塑造出一个美的人。